珍藏本
纪念版

汉译世界学术名著丛书

克拉维约东使记

〔西班牙〕罗·哥泽来滋·克拉维约 著

杨兆钧 译

商务印书馆
SINCE 1897
The Commercial Press

2017年·北京

本书作者克拉维约(Klaviyo)十五世纪初叶奉西班牙国王之命到中亚撒马尔罕觐见帖木儿大帝。他以游记的体裁将沿途各地的军事、政治、文化、宗教以及风土人情记载下来写成了这本书。原书是用西班牙文写的,15 世纪时有手抄本,到 1582 年才将抄本付印出版。这个译本是根据土耳其文本"Timur Devrinde Kadistan Semer-Kand'a Seyahat"转译的。

汉译世界学术名著丛书
（120年纪念版·珍藏本）
出 版 说 明

2017年2月11日，商务印书馆迎来120岁的生日。120年前，商务印书馆前贤怀揣文化救国的理想，抱持“昌明教育，开启民智”的使命，立足本土，放眼寰宇，以出版为津梁，沟通中西，为中国、为世界提供最富智慧的思想文化成果。无论世事白云苍狗，潮流左右激荡，甚至战火硝烟弥漫，始终践行学术报国之志，无改初心。

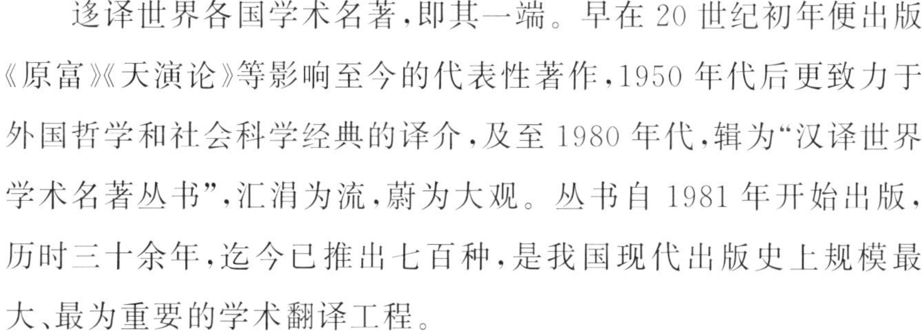

迻译世界各国学术名著，即其一端。早在20世纪初年便出版《原富》《天演论》等影响至今的代表性著作，1950年代后更致力于外国哲学和社会科学经典的译介，及至1980年代，辑为“汉译世界学术名著丛书”，汇涓为流，蔚为大观。丛书自1981年开始出版，历时三十余年，迄今已推出七百种，是我国现代出版史上规模最大、最为重要的学术翻译工程。

丛书所选之书，立场观点不囿于一派，学科领域不限于一门，皆为文明开启以来，各时代、各国家、各民族的思想与文化精粹，代表着人类已经到达过的精神境界。丛书系统译介世界学术经典，引领时代思想，为本土原创学术的发展提供丰富的文化滋养，为推动中国现代学术和现代化进程做出了突出的贡献。

为纪念商务印书馆成立120周年，我们整体推出“汉译世界学术名著丛书”120年纪念版的珍藏本，寄望既利于文化积累，又便于研读查考，同时向长期支持丛书出版的译者、编者和读者致以敬意。

两甲子后的今天，商务印书馆又站在了一个新的历史时间节点上。我们不仅要铭记先辈的身影和足迹，更须让我们的步伐充满新的时代精神。这是商务人代代相传的事业，更是与国家和民族的命运始终紧密相连的事业。我们责无旁贷，必须做好我们这代人的传承与创造，让我们的努力和成果不仅凝聚成民族文化的记忆，还能成为后来人可以接续的事业。唯此，才能不负前贤，无愧来者。

商务印书馆编辑部

2017年10月

译　者　序

15 世纪之初，西班牙公使克拉维约，东来撒马尔罕，觐见帖木儿汗；其沿途记载之详赡，于中亚史地之学，具有重大价值。其书在西欧固早脍炙人口；我国学者如张星烺先生、冯承钧先生，亦曾加以介绍，惟无译之者。中世纪中亚史地之记载，为数本少；东西方从事研究者，皆苦于缺乏材料。故克氏此书，谓之为继马可波罗游记而起之一重要记录，亦无不可。

中国旧籍中，关于西域、中亚之著录，颇多不朽之作品；如唐玄奘之西域记，至今尚不失为研究中古时代西域史地上之要籍，而明陈诚等使中亚时所撰之西域番国志，亦属研究帖木儿时代史地之宝贵材料。惟中国学者之记述，篇幅简略，复不录取当时社会上种种活动之情形，故可供吾人为研究之资料，笔墨不多。而克氏此书则不然，不厌繁琐，务求详尽，即其己身之种种遭遇，亦据实而录。因之使吾人可以据此书而窥见当时中亚社会之轮廓。此为译者所乐于介绍与读者也。

原著系用西班牙文所写，曾经迻译为英、俄、土等文字。俄文译者，曾就原著所列举之俄境内地名，加以考证，并附以地图。而土文译者，复据土耳其文记载，详注各重要人名地名，并作一提要冠于篇首，以说明 15 世纪初年近东之情势。原著经此增添所予读者之便利，已然不少。译者复鉴于汉文记载中，涉及中亚史地之考证者，正复多有，亦应录出，以供参阅。因择重要者，附记于各章之后，其有关中国之部分，罗列特多，以补克氏所记之遗阙耳。非敢谓有所考证。且僻处山陬，参考书缺乏，虽欲广为列举，亦不可能，遑论旁征博引？

本书所据，为土耳其人 Ömer Riza Doğrul 氏之土文译本而加转译。原拟搜集原著，及英俄文等译本，加以比照；惟目前条件下，殊无实现之可能。乃先将此译文付梓，容俟战后重版时，再谋补充。至于译名，不分新旧，以取通用之释名为原则，力避怪僻之译名，以求易解，而人名则悉依据土耳其语音而译之。自知错误难免，尚祈贤明赐正。

书之原名甚长，若直译之，应为帖木儿时代之自卡提斯至撒马尔罕游记（Timur Devrinde Kadistan Semer - Kand'a Seyahat），因觉其不妥顺，故置之未用。嗣承黄仲良先生代为选定克拉维约东使记之名以冠之，极为恰当。谨于此致谢。

杨兆钧

1943 年 3 月于城固

重版序

这是15世纪一位西班牙公使奉国王之命觐见帖木儿的往返行程的旅记，作者在书中翔实地叙述了他经历中亚各地时的所见所闻，因此，本书除具有历史资料价值外，还可帮助大家认识早在500年前中亚各民族的文化成就和生活情况，以及这一期间东西使节和文化的交通对于欧洲发展所起的影响。在亚洲各国爱好和平的人民往来日益密切、接触日益频繁的今天，这本书的重版应该仍有其一定的现实意义。

此书在1944年出版后，承读者对译文提出了意见，当时未得修正，这次乘商务印书馆重印之际，乃将译文作了一些改动，着重将有些地方译得更通俗适当，以便读者。

原作者在书中有些宣传迷信之处，以今日的眼光视之，似与时代精神不合，但是，考虑到原书系反映15世纪近东和中亚的情况，作者生当封建社会，受历史条件的限制，难免较多地叙述到宗教方面的一些仪节，所以未加删动。

书中所述的中亚、土耳其以及伊朗的各城市，今日的情况与当年已大不相同，特别是苏联境内的一些城市，由于十月革命胜利以来40年的建设，已起了根本性的变化，有了飞跃的进步，我国各报刊的记述中，对这方面的介绍已经很多，所以译者在附注中，就不再赘述了。

杨 兆 钧

1957 年 7 月于北京

目　录

提　要

（此提要为土文译者奥玛·李查（Ömer Riza）所附加）

西班牙公使克拉维约（Klaviyo）往觐帖木儿汗之际，本沿途之见闻，而写成之此部游记，其价值之如何及所列举事件之阐明，殊有待于将当日伊思坦堡及亚洲西端之情况加以叙述，方能明了。

公元1400年前后，伊思坦堡之将为土耳其人攻陷，及东罗马帝国覆灭之期待，使欧洲各国君主，常在忧戚恐惧之中。号称"疾雷"之苏丹白牙即的（Bayazit）既占领欧洲东南端之色雷斯，于是使拜占庭（Bizans）皇帝麻努来（Manuel）仅保有伊思坦堡一城以自存。城郭之外，所余之领土，不过马尔马拉（Marmara）之北岸，至黑海为止，长五十哩广三十哩之土地。其地虽云隶属拜占庭皇帝，亦只名义而已。在此4年之前（1396年9月间），法兰西国王查理第六（ŞarI VI）遣那维斯公爵（Kont Nevers）统率强大之十字军，东征土耳其人，虽有匈牙利王西吉斯蒙（Sigismund）之助，仍为苏丹白牙即的军败于尼保卢（Niğbolu）。此役十字军之将士，除大部死亡疆场外，所余残部，亦尽遭俘获（俘虏皆于纳巨额赎金后，获释还）。欧洲人士，闻此覆没之讯，大为震恐。拜占庭皇帝麻努来，又将伊堡城外之兵力，撤至堡内，静待苏丹白牙即的胜利后之举动。

奥思曼朝历任苏丹，自其都会布鲁撒（Bursā）屡次布置由拜占庭人手中自己毁灭其皇朝之计谋。原来麻努来之长兄安德卢尼可斯(Andronikos)于其父在位之时,即谋篡位,曾与苏丹白牙即的之长兄撒瓦支(Şehzade Savace)暗中约定,于预定之某日,各将其父杀害,自行继位〔即安德卢尼可斯及撒瓦支虽在互相敌对关系之下,以同谋篡位,因而约定,安德卢尼可斯则杀其父佩罗略(Paleolog)而登拜占庭皇帝位。而撒瓦支则杀其父苏丹穆拉特(Murat)以继奥思曼之苏丹位〕。不料双方阴谋泄露,苏丹之长子撒瓦支先被处死,苏丹之位,于是落入二太子白牙即的之手。至于拜占庭之太子安德卢尼可斯及皇孙约翰(Jon)也一并被押入伊堡著名之黑狱内。太子之位,亦转与二太子麻努来。事过 2 年之后,不料大太子之 2 次阴谋,竟得成功。出狱后,反将老皇佩罗略及其弟麻努来,加以幽禁。以其父之道,还治其身。安德卢尼可斯之登帝位,竟得如愿以偿。又经过几番变化之后,老皇及二太子麻努来,自狱中逃出,复登帝位。而太子安德卢尼可斯以谋篡之罪,被流放远地,皇孙约翰,亦被逐出伊堡之外数十哩处名西利比亚(Silimbirya)之城内安顿。约翰即在该处定居若干年。

公元 1391 年,老皇佩罗略自修道院中,将太子安德卢尼可斯提出处死。

安德卢尼可斯之子约翰,虽曾参与帝位之争夺战,终于承认叔父麻努来之继承大位。其间苏丹白牙即的曾于暗中赞助约翰之争斗,迄未成功。白牙即的因此,乘尼保卢战胜余威,围攻伊思坦堡益为剧烈,其凶猛使欧洲各国,大为震动。

法兰西大将布西戈(Boucicout)于是时率基督教军来援。其舰队直开至爱琴海。公元 1399 年,冲过韃靼尼尔海峡,2000 挟有武器之法军，登陆成功。将伊堡之围解开。白牙即的舰队败退。但仅隔一年，奥思曼人之合围又成。法军大将终于突围而走，临行并将皇帝麻努来挟去。经威尼斯返归法国。麻努来出奔之前，曾将帝位让与其姪约翰暂代。

皇帝麻努来于1400——1402年两年间，奔走法兰西意大利各地，呼应援兵，迄无应者。乃往说英国，国王亨利第四虽表示欢迎，实际上却无出援之意。麻努来在外漫游二年，乃作东归之计。首先归返希腊，终日盼强有力者出，将白牙即的军，从外部加以包围，以便自己得以早日返归帝都。

果然，事有转机。此时屡战屡胜之土耳其人，正与帖木儿军接触。土耳其人怀必胜之心，以与帖木儿一较长短。谁知战中帖木儿竟大获全胜。因之，即将入于土耳其人手内之伊堡，又苟延于拜占庭人手内，垂50年。直至1453年白牙即的之孙麦麦特第二(MehmetII)时，方占据之。

帖木儿初于1380年，征服伊朗。1390年，将钦察汗国(Cepçak)及莫斯科收入版图。1398年，又南下印度肆掠其西北部。及1400年，帖木儿已65岁，方转回亚洲西部，削平谷儿只斯坦(Gürcistan)基督教国之乱。南下至小亚细亚之边界，窥伺叙利亚，阿勒坡(Halep)城。略取之后，于1401年12月，破大马士革城而未作久据，转回征马，东取巴格达(Bağdad)。1403年春，北上，大军直指安哥拉(Ankara)而来，7月20日，历史上著名而凄惨之大会战发生，此役帖木儿将奥思曼军一举而歼之。苏丹白牙即的竟遭生擒。据传，被置于铁笼之中，押往东方而去。白牙即的死于1403年3月间。伊思坦堡于是又继续握于拜占庭人手内达半世纪之久。帖木儿自安哥拉东归，皇帝麻努来亦自希腊返伊堡复位。约翰复遭逐放，居于米底邻，并在该处结婚。克拉维约于途中，曾经过米底邻，并述及约翰云。

尚在公元1400年，帖木儿平谷儿只斯坦之乱时，欧洲各国之君主，即对其行动加以密切注意。实际上，欧洲人士，多年来即将目光注于近东一带所发生之事件上。

其时西班牙国王亨利第三，正统治卡斯提亚(Kastalya)及雷翁(Leon)两地。而亨利第三之孙女伊萨伯拉(Izabella)，即后日赞助哥伦布以发现新大陆之人，当15世纪之初叶(西班牙南部之格拉那达(Gernada)依然处于回教徒统治之下)，其辖境为自直布罗陀至喀他基那(Kartacenya)之西端，越地中海南至非洲之瓦低凯白(Vadielkebir)一带。西班牙西北部之亚拉冈(Zagan)是时尚为一独立国家。由马尔丁第一(Martin I)统治，而马尔丁之妹，伊丽阳娜(Ilyanor)，又为卡斯提亚国王亨利第三之继承者。

据克拉维约之记载，亨利第三为考察近东各地真实之情况起见，于派遣克拉维约之前，已派有使者来近东，及塞浦路斯岛(Kibrist)一带考察。使者于1402年夏季御命出发，先抵爱琴海，由彼处登陆，来安哥拉，谒帖木儿于大营。是时，帖木儿召见西班牙之使者，颇为渥遇。及至战后，帖木儿率大军缓缓东去，拟在谷儿只斯坦之卡拉巴(Karabag)过冬，于离安哥拉东归之前，曾遣专使，赍以馈赠之品赴西班牙，借答国王亨利第三通好之意，因此引起西班牙国王，第二次派遣克拉维约一行人等，往觐帖木儿汗。

克拉维约率随员等，原拟偕同帖木儿遣来之专使，赴谷儿只斯坦谒见帖木儿。但帖木儿于该处过冬后，又继续东行，所以克拉维约终于追至撒马尔罕方得觐见。

西班牙使团中为首者，为宫内大臣克拉维约，随员有教士阿洛芳·庇斯（Alfonso Piz）及侍卫官哥莫斯·撒洛泽（Gomez Dö Salzar），携有国王亨利馈帖木儿汗之珍品多件。途中侍卫官撒洛泽不胜旅途上之劳顿，死于尼沙卜儿（Nişabur）。

克拉维约撒马尔罕之游历，恰在马可波罗东游之后1世纪。当其奉命之始，即注重游览与观察，故此行自卡提斯（Kadis）至撒马尔罕共费时15月，方得到达。其在伊思坦堡曾作5个月之滞留。归来之际，亦费时15月。因在塔布里士（Tebriz）城，亦稽延6月之久。途中路径，除卡提斯至特拉布松（Trabzon）一段，遵行海路外，尚有2,500哩之陆路。克拉维约彼时在伊堡之所见所闻，皆曾加以详细记载。1403年11月间，克拉维约自伊堡出发，原拟攒程进发，不意所乘之船，于入黑海口不远之处遇险。船既毁坏，人亦不得不退返伊堡之白玉路（Beyoğlu）过冬。

克拉维约虽在伊堡滞留数月，却完成撒马尔罕之游历。因为倘克拉维约于11月间，一路顺风，毫无停滞，直达特拉布松港，登陆时，则定在卡拉巴觐见帖木儿，或将不待前往撒马尔罕，即转回西班牙，永远不能见撒马尔罕，亦未可知。正因克拉维约之船出险，故于次年4月间，方得由特拉布松登岸。彼时帖木儿已自卡拉巴，东返撒马尔罕，使团以此方有游历该城之机会。当日特拉布松，并不隶属于拜占庭皇帝，其他自3世纪以来，即具独立之形势。

克拉维约自特拉布松登岸，首至爱洛遵占（Erzincan），再自乌鲁米叶（Urmiye）湖之北岸，动身经胡叶（Huy）入伊朗境。途中恰逢埃及苏丹遣往帖木儿之专使。埃及使者，亦携有贡品多件。于是两国使臣，一路同行，直向撒马尔罕而来。

使团一路上，经胡叶城，行抵塔布里士。该城为伊朗之商业中心，且系首都，但自经帖木儿将都会移至苏丹尼叶(Sultaniye)后，仅于塔布里士派人镇守而已。使团行抵苏丹尼叶，与帖木儿在世之长子米兰·沙(Miran Sah)晤及，随又赴德黑兰(Tahran)与该处当局会见。自德黑兰越厄尔布尔士山(Elbürz)抵菲卢兹卢哈(Firuzguh)，再自达姆冈(Damgan)下山，路经麦什特(Meshet)时，曾谒伊玛目·李查(Imam Riza)之墓。

使团自入帖木儿汗国以来，即享受国宾之招待。到处有人供应食宿，供给一切需要。

克拉维约及其扈从，过麦什特之后，曾作了一些准备，因其面前即荒寂乏水之沙漠也。

克拉维约过麦什特城继续前行，经谋夫(Merv)、巴里黑(Belh)再行，即抵帖木儿之诞生地开石(Keş)，过此，即赴撒马尔罕之大道，使团行至途中，曾闻年已 70 岁之帖木儿，又纳第八位夫人。

西班牙与埃及两国使臣，于撒马尔罕受帖木儿优渥之赐，曾屡次被邀赴盛宴，参加各项典礼。克拉维约亦曾将撒马尔罕之宫殿、花园各项建筑，游览殆遍。最使其惊异者，乃帖木儿之军威，营幕如云，据云有帐不下 5 万座云。

克拉维约畅游撒马尔罕宫室之际，曾遍览各处，即帖木儿寝宫之内，亦曾观光。故宫内之布置与陈设，皆有详尽之描述。并目睹帖木儿虽届高年，仍然主持各项典礼，于宴饮上，丝毫不显衰颓。纵欲欢乐，通宵达旦。有时并将印度携回之巨象 14 只，牵至各园内，作种种玩戏，任人民观赏。

帖木儿于晚年，纵情酒色之极，竟致重病不起，于是左右对西班牙、埃及使臣，作遣回之表示，两使亦于此际各作归国之计。

克拉维约归国之时，取另一途径，与来时不同。经载雷夫闪(Zerefşan)河至布哈拉(Buhara)，于 1405 年 2 月间，再至塔布里士。使团于该处，又停留 6 月，然后向特拉布松行，乘船转至伊堡，未停，即返西班牙。

书中曾论及帖木儿本身及其家属，其宫内生活，皆为他人所不曾述及者。作者本人屡次谒见帖木儿，因之增加本书之价值不少。

克拉维约既返祖国，遂将此书写成。其本人于 1412 年逝世。当时原著即有抄本多种流行，其中一部，收藏于马德里国立图书馆内。

1582 年，奥耳古特·欧摩里那(Argot Omolina)氏，将此稿抄出付印。1782 年重版，英译本即以此抄本为主。帝俄时代有塞来资那斯基(Serezinoski)氏，就原著及印本合并译为俄文出版，继又就他本重译。除增补遗阙外，并将所举之地名，加以考证，附以地图，经此番整理后，原著上之地名，已无不明确之憾，土文译者，为使读者醒目起见，乃作此提要，使后人于读此历史名著之际，不致有暗晦之感云。

第一章　自卡提斯至罗德斯岛

伟大的帝王帖木儿别[①]于1370年将撒马尔罕爱密耳(Emir)[②]——察合台(Çağatay)后裔索乌哥特迷失汗(Soyurgatmus)推翻,占据察合台汗国,自立为王。帖木儿续将蒙古斯坦全境征服,于是南下印度,侵入印度西北部,转回来,又将中亚的大国呼罗珊(Harasan)及塔吉克人[③]的土地占领,此时剌夷(Rey)已在控制之下。帖木儿陆续统一伊朗各部,并将塔布里士(Tabriz)、苏丹尼叶(Sultaniya)、麦德(Med)、塞兰(Ceylan)以及打耳班(Derbent)皆收入自己之版图;尚有亚美尼亚(Ermenistan)、爱洛遵占(Erzincan)、爱洛祖伦(Erzurun)及阿维尼(Avnik)的征服;再次为占据马儿丁(Mardin)国与亚美尼亚(Ermenistan)邻邦谷儿只斯坦(Gurcistan);东方既击败印度各王,占其大部土地;更西经阿勒坡(Halep)入叙利亚之大马士革(Şam),大肆掠夺,终于统一伊拉克全境,而入据巴格达(Bagdad)。

帖木儿除吞并上述各国之外,尚消灭若干其他国家及部落,在获得这些胜利之余,最后遇到世界上最强大之劲敌,那就是号称"疾雷"的土耳其苏丹白牙即的(Bayazid)。帖木儿已进军到了土耳其境内的安哥拉城堡外,展开一场血战,结果大获全胜。除将苏丹白牙即的擒获外,并将白牙即的之王子中一人俘获。正当两军交锋之际，西班牙之卡斯提尔(Kastil)国王亨利(Don Hanri)所遣来近东之使者二人，恰恰在场。使者一名佩兑·绪托莫约(Paye Do Sutomayo)，一名海曼·三色都·佩罗窝陆斯(Herman Sen-Serdo Palozvolos)，其来近东之意，即在考察帖木儿及白牙即的两军实力如何，同时调查此对立中之双方社会与民族之状况，以作判断何方获胜之根据。

安哥拉会战终了之后，帖木儿当接见二位来使，因而引起对西班牙之兴趣。为促进与卡斯提尔王之亲善起见，乃厚赐使者，优予款待。及闻来使述及卡斯提尔国为强大的基督教国家之一，国王地位崇高之语，颇愿与卡斯提尔王作友好之往来，并就二位来使归国之便，令其携去赠送国王之礼品。至安哥拉战事以大获全胜而告结束之后，又谋与卡斯提尔国王作进一步之往来。于是在察合台族人中，选派哈吉·麦麦特(Hace Mehmet)④为专使，赍送书翰及赠品答聘西班牙。专使哈吉·麦麦特奉命，一路平安行抵西班牙，觐见国王亨利。除献呈帖木儿所致之书翰，及馈赠之珠宝外，尚有安哥拉战役中得自土耳其人之基督教美女二人。⑤国王亨利接到如是之厚赠，诵悉帖木儿书翰内推崇之言，耳聆专使表示亲善之陈词，深为欣悦。为续此友好，决遣一使团，往觐帖木儿别，借以敦睦两国之邦交。

因此国王亨利即命以三人组成之使团前往。此三人中，教士阿洛芳·庇斯(Alfons Piz)为一位神学家，一为侍卫官哥莫斯·撒洛泽(Gemos Salzar)，一为本人，罗·哥泽来滋·克拉维约(Roy Gotzalez Klaviyo)奉国王陛下命，赍持书翰及珍贵贡物前往。此次出使远邦，沿途所经，举凡各国之状况，及所遭遇之种种事件，逐一加以记载，予认为实有必要。为免事后遗忘起见，此游记即自上帝之子，基督及圣母玛利亚之光普照西班牙之纪念日起开笔。

公元1403年5月21日（星期一）我们从波・森・马尔斯（Par Sen Mars）动身，先将行李放入备妥的船上，仆役又将携带之贡品运上船去，5月22日（星期二）我们一齐登船出发，船长名麦森・朱阳・森道约（Mersen Julyan Sentoryo），这只小船，将我们载到卡提斯湾内的卡提斯港，在那里换乘专载我们远航的一只大船；离开西班牙的口岸后，一路顺风，当晚即抵伊斯帕太（Ispartel）角，星期三到唐哲（Tanca），从这里可以看到非洲柏柏人（Barbar）所在之海岸上的山峰，再从这里经过塔里法（Tarika）角及苏塔（Suta）两地之后，即抵阿尔儿西拉斯（Elcennefiras）及直布罗陀海峡（Cebel-itarika），沿海峡行过麻白来克（Marbelek），岸上连亘不绝的山峰及海峡附近的城市皆映入眼帘。同日，我们又从西耶来度拉非（Siyeradölafi）山脉之旁的海面经过。

5月25日（星期五）我们从远处望到马拉加（Malaga）港，当日即在该处抛锚靠岸，从星期六至下星期二，一连几天，船皆停在此港内；因为船上所装载的许多桶橄榄油及其他的油类，皆在这里卸下。马拉加城位于距海岸不远的平原上，这座城市是从港口到海岸之间用两层墙垣围护起来的一座坚固的堡垒。马拉加城外，尚有面积广阔，地势重要的市镇一座，名为爱洛卡撒巴（Elkasaba）镇，从市镇通到马拉加城之间一段大道，也用平行的两道围墙连贯起来，港内有船坞、造船厂各一处。滨海的地方，修有一道城墙，墙内是城中居民所建的美丽花园、别墅、果园，附有花园的房舍，一直远及于山麓。自海岸至城前皆为仓库、栈房所塞满，商货堆积其间;人口之稠密,较城堡之内,尚有过之。

5月30日(星期三)船自马拉加港驶出,沿海湾前进,岸上的山脉直伸到海边,海口的山坡上,点缀着果林及花园。

下一站我们所经过的是维来·马拉加(Velez Malaga)港,此处就山巅上建立一座坚固的堡垒。再进即达爱洛芒克儿(Elmonker);晚间,我们又驶过西华达山脉(Sibiranedada)旁的海面。

次日船已过喀他基那(Kartacena)的巴罗斯(Palos)角,星期五,抵卡他伦亚(Katalonya)省所属的马耳丁(Marten)角,次日晨光熹微中驶过一座名福尔门德辣(Farmanter)的荒岛,再前停在伊维萨(Ibza)群岛前,一直驻到6月13日。这些天,我们为恶劣的天气所阻,不得继续进发,到6月16日,我们的船从马佐卡岛(Mojorka)前经过,再行2日,我们曾望见米诺卡岛(Minorka),但是船未停该处,仍继续往前行。

海程上续行了多日以后,方经过科西嘉岛(Karsika)及撒丁岛(Sardinya),6月23日船泊于加厄大港(Geta),乃登岸入城,在城内圣法兰西斯哥教堂附近某处,居留16天,船上所载来的货物,皆在这里卸下,从新又装上橄榄油。

7月13日从加厄大港继续进发,当日海上起了飓风,次日风刮得更剧烈,甚至将船上的桅杆吹断。再前行,恰逢伊思特姆保利(Istromboli)的火山正在爆发,山口喷出的浓烟冲上天际,海面上皆为烟雾所笼罩,不辨方向。船长来与我们商议,阖船人士作祈祷以脱灾难;于是全船水手高诵颂主之歌以求佑助,祈祷后我们入于睡乡;至于船主及水手们,仍然在醒着不敢睡去。飓风仍然在吹,风浪声中,不时听到船长及水手们的惊呼声及喊叫声,最后船长又将全船水手唤起，令他们从新作一番祈祷。

次日清晨，我们经过利巴利群岛（Liprai）之前，直向墨西拿（Mesina）进发，临近墨西拿岸的时候，船搁浅在沙滩上了，我们以为这场巨祸将毁灭了一切物品，谁知经过种种努力，打破了许多困难，终将船救出，并且从新向海面开驶出去。

7月23日（星期一）我们是从墨西拿启碇向卡拉马他（Kalabra）进发，不久即抵该处，沿途看见不少荒岛，有时也在荒岛边上停留一下，最后于8月7日，进抵克里特岛（Kalimnos）。稍作停留即开向其邻近的兰可岛（Lanko）或称为卡索岛（Kos）去，此岛上的居民，多系自罗得斯（Rados）岛上迁来，尽属于希腊正教派，自此岛再往东，即为土耳其人的海岸，有人劝我们在黑夜从海岸与近岸的尼斯波罗斯岛（Nisporos）中间偷航过去，我们没有此种胆量，事遂作罢。等到白天，我们驶向距土耳其人海岸较远的罗德斯岛，将近黄昏，船在罗德斯的港口前抛锚。

① 原注：克拉维约在书之前半，皆称帖木儿别（Timur Bey），及抵撒马尔罕后，在文中有时用“皇帝”，有时用“阁下”之称号。

② 钧注：Emir一词，旧译为“异密”，与突厥语之音不合，应为“爱密耳”，其意为部长，头目，王公之类官阶。

③ 原注：克拉维约文中之塔吉克人系指伊朗北部之塔吉克族人而言，其用法一如称土兰境上之居民系土耳其人而言。

④ 原注：哈吉·麦麦特之名在西班牙文本上为Hace Mehmet，英文译本上改为Elhace Muhmmed，按照原名应为Mubammed Elkade。

⑤ 原注：克拉维约所述帖木儿曾赠基督教二美女与西班牙国王一事，据1582年刊行此书的波立那考证：此二女子一名玛利亚（Mariya），一名安芝莉娜（Ancelina），据传安芝莉娜为希腊人，玛利亚则为匈牙利人，且为匈牙利

皇族中之女子，此二人皆于尼可波利战役中，为奥思曼土耳其人所俘，自经送至西班牙后，皆配与西班牙贵族，其事迹皆入于西班牙之诗集中，作为咏诵之新材料云。

第二章　自罗德斯岛至白玉路

我们在罗德斯岛登岸后要做的第一件事，就是打探从耶路撒冷退出的圣约翰派[①](Sen Jon)大主教是否仍居留于此地。但是据我们所得到的消息看来，大主教与法国远征军大将布西戈(Busiku)率领热那亚(Cineuiz)舰队，一同出发攻取伊思坎大伦(Iskenderun)[②]去了；因此我们于次日先拜访大主教所居之教会及各位教士，探问消息。各教士虽在大主教外出之际，仍然对我们殷勤款待，并以卡提斯亚国王所遣来专使之莅临引为荣耀，愿尽可能的供给一切。

大主教之教会人员，当为我们选择一座属于本教派之骑士驻扎处所，为我们下榻之处，其地临近圣卡特伦(Sen Katerin)所建立之教堂。

自 8 月 5 日(星期日)起，至 8 月 30 日(星期四)止，我们皆休憩在这里，不过，在这期间，重要消息丝毫没有获得。

仅有新返罗德斯岛之某人，谈到叙利亚海面停泊的舰队，有移动的模样。另有新自耶路撒冷圣地巡礼归来的人，也作同样的传说。

据所传说的消息看来：帖木儿在返回叙利亚之际，将发动对埃及的攻势。[③]帖木儿曾派使者谕埃及投降，并有向埃及苏丹提出即早臣服，归为帖木儿的藩属，按年纳贡等招降条件之说。

万一埃及苏丹对这些条件，加以拒绝，酷热的夏季一过，根本未曾把埃及苏丹看在眼内之帖木儿，转回叙利亚之际，即将大举入侵埃及；帖木儿的使者，已经将上述种种，告谕埃及驻耶路撒冷长官，并令其传告全埃人民云。不过这些消息，皆属谣传，所以我们也未加以重视。我们正在罗德斯岛等候消息之际，有热那亚舰队的四只船开到了，并且带来最后的消息。据舰队上人所述：舰队围攻叙利亚沿海岸康地立城(Kadili)，经过12个月的摧毁，已然是旦夕可下，不料围城的队伍中，忽然发生内讧，结果热那亚人及法兰西骑士残伤甚众，舰队鉴于此城之难于攻下，乃另向叙利亚的塔布鲁斯(Trablus)城攻击，但是这座城的居民颇长于防守；他们在城郊掘下壕沟，上面掩盖很严，等骑士弃舰登陆之后，他们猛自壕沟中跳出，一阵掩杀，所有后退不及的骑士，皆作了牺牲。因此各舰队长官忙来集议战策，最后约定令小型船只先开到伊思坎大伦口外1个月，大型船舰作攻击贝鲁特(Beyrut)之用。

贝鲁特城是大马士革(Şam)的海口，现在由巨舰担任攻取该城的任务；小船即开来伊思坎大伦口外待命。但是相隔1个月之久，仍未获到巨舰上任何情报及命令，因此小型舰上受了严重的损失。原来小型舰上所载的马匹，早因缺乏淡水而死亡大半了。据最后的消息，大小舰队皆将开回罗德斯岛。然而帖木儿的行踪仍是杳然，就是我们在罗德斯岛的期间，丝毫没有接到关于帖木儿行踪的任何真实消息。最后我们晓得非追踪到卡拉巴(Karabağ)不能见到他，因为他一定要到卡拉巴去过冬，即使我们赶到卡拉巴而逢他往旁处去时，至少也可以得到他行踪的确息，那是不成问题的。

罗德斯岛上不只有一座城。一片大平原上，建有若干城市及堡垒。罗德斯城并不大，城四周有墙垣围护，城墙上建有碉堡，大主教所驻教会及骑士驻扎之处就在这堡里。城外尚有雄伟坚固的堡垒一座，附近尚有小城，其中有修道院，壮丽的教堂，及宏大的医院。此处的骑士皆屯驻于堡垒之内，轻易不得外出，这是悬为定例的一条禁律，非得大主教之允许，骑士不能自由出去。罗德斯港湾宽阔，颇利于防守；沿港口皆有城墙掩护，两座防堤之一，建立了不下四十处水磨。城堡之外，美丽的花园在望，田野上的房舍，星罗棋布，柠檬树及果树，充塞行间。

岛上居民，皆为希腊人，属希腊教会管辖。港口船只出入不绝，商业繁盛，土耳其人即居于对面岸上，对岛上动静的观察，极为容易，岛之中心部分，尚有城市及堡垒若干座。

8 月 31 日(星期五)我们已登上一只开往撒克斯(Sakiz)岛的船，这座岛上的头目，名叫卢诺·亨泰尔(Loonard Hentel)，是一个热那亚人，是日因为遇到逆风，所以我们没有出发。从罗德斯岛至撒克斯岛的海上往来，真是冒险的航行。因为一面临近土耳其海岸，虽然是想离远些，实际上并未能离得远；另外是忽隐忽现的小岛很多，随时有触礁的危险；所谓夜半临池者，正是这种恶劣天气中航行的好写照。

我们倘若在星期五出发，则自星期六至下星期二，皆要在海上与逆风相搏斗，尤其是土耳其海角的难以偷渡，使我们不得不暂作等候。等到 9 月 5 日，风力和顺，我们出发到哀斯唐西约(Estanciyo)，或名之为卡索(Kos)岛。船未续进，即在此处靠岸。在这个岛上停留了一整天，购置肉类及淡水等物。此岛亦隶属于罗德斯岛，向以农产著称，果林、花园遍于城之四周。岛上驻有约翰派的骑士百人，由罗德斯之大主教派来一位主教统率。

9月6日（星期四）继续登程，仍然因为风向不顺的关系，航行缓慢，只走出不远的一段路。次日也如此，船距土耳其海岸很近，小岛又多，风势逆吹，以致向前推进时，困难万分；午后剧烈的风力吹着船作横行，几乎触着海岸。我们惟恐船只淤浅在滩上，费了很大的气力，才将锚抛下。当日及次日得平安度过，未肇祸事，真是万幸。这时，我们面前的岛屿全是些不知名的小岛。星期六下午就从这些不知名的岛屿间穿行过去，最后到克里特岛；这里也属罗德斯岛管辖，晚间停于该处。星期一清晨，船又开行，午间经过土耳其海岸上的一座城市，名为新·帕兰亚（Yeni Palanya），据记，安哥拉会战之前，帖木儿军曾在这里安过营寨。

次日星期二，我们的船行到莱罗斯（Leros）岛，此处仍然隶属于罗德斯。风吹得极猛烈，波浪滔天，我们为免得覆没起见，赶快将船驶进港内躲避，下锚停泊，从岛上提来淡水作补充之用。莱罗斯岛上建有城市及堡垒各一座，堡垒极为高巍，四面有民房翼卫，居民皆希腊人，其领袖为罗德斯岛方面所委任的一位骑士。土耳其人时时自新·帕兰亚渡海来此侵扰；去年，有一只土耳其船驶到这里，船上水手，将居民的牲畜抢劫，田间农作中的几个农夫，也遭掳去。

星期四早晨，又从莱罗斯岛起航，驶过一座荒岛，名麻大亚（Madarya），这里有很好的牧场及清冽的泉水，喷泉遍于全岛。同日我们看到帕古斯（Pagos）群岛，居民皆属希腊人。次日又穿过一座土耳其人居住的岛，名撒诺斯(Sanros)，从这里过去，又望到一座由妇人统治着的尼加雷亚(Nikariya)岛，同日，我们的船穿行过许多大的小的岛屿。

9月15日(星期日)，仍然是在群岛中转来转去，夜间借风力之助，至星期一我们已抵土耳其海岸的赞陀(Zanto)角的对面。再前行则撒克斯岛已经在望。星期二的午前，在撒克斯岛的海港内靠岸，当日舍船登陆，船上所载的物品，也一律运上岸来。撒克斯岛面积既小，城池亦小得可怜。此岛为热那亚人之殖民地，由岛上眺望对面的土耳其海岸，极其清楚。撒克斯城的四围，有城墙卫护，城上建有碉堡若干座，但是城并没有建筑在高山上，却在平原上。

我们停留在撒克斯的时候，为帖木儿所战败了的苏丹白牙即的之子伊撒(Iza)有去世的消息，我们听到伊撒的几位弟兄互相厮杀起来，原因是在争夺苏丹位。

我们本有即日离开撒克斯岛，继续进发的意思，因遇不到船只，只好作罢。在这岛上一直候到9月30日，最后才雇到一只将开往伊思坦堡的船，我们方得续行。就在一个顺风的夜半，船离开撒克斯岛。太阳初升的时候，自靠近土耳其海岸的米底邻岛(Midilli)旁经过，晚间靠近圣玛利(Sen Mari)角。[④]

夜间，忽然起了暴风，愈吹愈烈，竟将船帆吹破。过杜曼亚(Domanya)之后，风力愈狂，时正夜半，四面漆黑，因此船长认为有暂且停留一夜的必要，候到天明，再行续航；但是后半夜的风转变方向，将船吹向后退，到黎明时，我们的船已经被吹回麦尔地(Merdi)岛不远的地方。此处距土耳其海岸极近，于是我们决意将船驶回米底邻去修补船帆，或添换一个。随后又雇了一个引路的水手；因为船上的水手，没有一个认识这条水路的。至午间，我们返到米底邻，船在那里抛了锚。以后的4天，即星期二至星期五，皆留在岛上。这期间，船帆修理好了，并且雇到一位领航人。米底邻城是一座人口稠密的城市，房舍皆建在伸入海中之半岛的山上，城郭附近皆有华丽的楼房及教堂，城内人口稠密的程度，较往日有增无减，城内尚遗有战事中摧毁过的宫殿多处，我们曾见有一处皇宫，保留着40个炮弹的痕迹，其地是从前人民举行聚会的所在。米底邻居民皆属希腊人，往日臣属于东罗马帝国的伊斯坦堡皇帝，现在是由一位热那亚人统治着。

岛上国王的父亲是东罗马帝国前皇安特罗尼古斯第三（Andronikos）的驸马，而他本身就是公主所生的皇外孙。

据居民传说，米底邻岛在20年前，曾发生过一次剧烈的地震，现在的东罗马帝国废皇，在地震发生的那一年，还是一个怀抱中的婴儿。那夜他正与父母，弟兄们在一座堡垒的宫内睡觉。地震发生时，堡垒崩毁，全家除这个婴儿之外，皆被压毙在塌房之下。次日，各处清除瓦砾之际，发现这位小王孙约翰（Jon）活泼地卧在一张摇床之上。原来这位小王子在地震之际，连同小摇床一齐从高山上滚到山脚的一座果树上，这样毫无损伤地遇了救。

停在米底邻岛上那几天，关于这位最近摘下皇冠，跌下宝座的废皇约翰的消息，听到不少，他为其叔父皇帝麻努来（Manuel）所逐出的经过倒有叙述一下的必要。废皇约翰曾纳米底邻王冈提罗斯约（Gontilozyo）之公主为妃，直到最近，皆住在岳父处，但是在我们到达米底邻之前不多的日子，废皇约翰偕同岳父母乘坐两只大船，率领卫队及战舰等去接收伊思坦堡皇帝麻努来的领土萨罗尼加(Selânik)去了。其事原委是这样的：废皇约翰，原由土耳其苏丹白牙即的抚养长大的，居住在土耳其人的城市西利米亚(Silimirya)，1399年，法国援东罗马军大将布西戈以战舰10只，满载军队，猛攻这座西利米亚城，城破之后，将约翰携去送往伊思坦堡，并将约翰与其叔父皇帝麻努来间的仇隙解和；这次和好的条件，是皇帝麻努来将萨罗尼加城划与约翰，任其统治。

布西戈这样将其叔侄和解之后，乃偕同皇帝麻努来赴法国去了，皇帝为对抗土耳其人起见，故亲往西欧去求援。皇帝麻努来离位之际，曾命约翰摄政，就是说在其叔父赴西欧求援未归之前，大政由其处理。

皇帝麻努来赴法后，约翰曾乘机活动，与在安哥拉阵地中的苏丹白牙即的勾结，暗通款曲。苏丹白牙即的彼时正在安哥拉与帖木儿对垒中。当时约翰向白牙即的所提出重要的条款是，假使白牙即的在安哥拉战役中获胜，约翰即将伊思坦堡献出，自己愿臣附于苏丹之下。

岂知皇帝麻努来在白牙即的全军覆没之后，返归伊堡；获悉约翰的全部阴谋后，大为震怒，宣誓终生不愿再见约翰；于是这位弄巧成拙的约翰，从宝座上跌下，萨罗尼加的统治者的地位也失去，不得已，才来米底邻住下。

约翰失去隆罗尼加的土地，心中自有些不甘，时思恢复，所以才在我们抵此不久之前，与岳父一路去收复领土去了。

米底邻国王冈提罗斯约在出发之前，曾遣人赴其至友布西戈处去声辩此事，谓皇帝麻努来在当年曾允将萨罗尼加分与约翰，今又食言，将其驱逐到米底邻实为不当，请其主持公道，加以援助。

那时候，布西戈驻在伊思坎得伦，假如他从伊思坎得伦回伊堡来，一定要援助这位故友的女婿，但是我们停在岛上的期间内，据说所遣之使者，已然归来，究竟携回的答复，内容如何，无人知晓。据我们所听到的消息，布西戈曾自伊思坎得伦到罗德斯岛，以后又从那里到一个无人知晓的地方去了。

10月6日（星期六）我们动身通过土耳其海岸边的海峡，到土耳其海岸的圣玛丽（Sen Mari）角，次日船沿棱诺斯岛（Jenodos）左岸行，绕过这个海角，再驶过这座荒凉无人的棱诺斯岛后，伊思坦堡政府所管辖的因不洛斯（Imros）岛已然在望。昼间风向虽是逆吹，但不很大，夜间逆风转剧，我们本想将船开近棱诺斯岛去，强烈的风力，逆阻着不得前进。海峡处急流又将船往回推送，于是我们择定在土耳其海岸与棱诺斯岛之间抛锚停伯，昔日繁盛的特罗瓦城（Truva）就在海峡右岸；我们从停泊的地方可以望到这座残城的遗迹，残垣断壁上还留着已经半毁的灯塔，城内有颓墙废垒及旧日宫殿建筑的故址。这些皆横卧在由海岸及于远山的一片平原上，特罗瓦城绵亘若干哩之长，城头接连一座高山，昔日名伊里奥（Iliyon）的堡垒据说就在这里。

这座故城对面的棱诺斯岛，昔日是特罗瓦城的商港，凡是运货到城的希腊商船，皆先在岛上卸货。昔日有布腊姆（Briam）王，移来许多居民到岛上，建起一座碉堡，并且定名为棱诺斯岛。凡是靠近城边的希腊船只，在岛上可以很清楚地望见。但是这座繁盛的名岛，今日竟然日就衰落。我们在距棱诺斯岛不远的地方停泊之后，派人乘小船到岸上采办淡水及柴炭。我们船上这两项用品，已感缺乏，同行人中，亦有愿往岛上一游者，于是坐上小船而去；及登岸的游者归来说：在岛上见有无数的花园、果林，树林旁有喷水泉，岛上的农田，到处可资耕种，葡萄的产量既多，味亦甜美，且有可供狩猎的禽兽；另一部分游者在岛上尚发现了一座废垒，我们由这座毁弃的堡垒，可以引出此地就衰的痛史来。

22年前，东罗马皇帝约翰·佩路略斯(Jon Paleologolos)占领这座岛后，曾允将此岛划归热那亚人。其交换的条件为：皇帝一旦与苏丹穆拉特(Murat)宣战，热那亚人须援助东罗马帝国。

东罗马皇帝虽然如此预约将此岛划归热那亚人，但是转手又将它卖与威尼斯人。威尼斯人购买到手之事，外人亦不知晓其经过，这座岛由威尼斯人经营，将城池建起，堡垒修缮完整，工程将竣之际，为热那亚人所闻悉，当时提出抗议，声明："此岛系热那亚人所有，皇帝为获外援将其划归热那亚人，此岛为出兵援皇帝所得来之交换条件，所以即使东罗马帝国皇帝对之，也无让与或出售之权利。"因此两方间的冲突，立刻即起。

热那亚人与威尼斯人在棱诺斯岛上的冲突发生之后，双方除去在陆地上交锋外，海上舰队也列开阵势，互相攻击；双方各据岛上之一角，进而肉搏厮杀，自然，各有死伤，最后威尼斯人接受调停条件，愿意和解。条件系将威尼斯人新建的堡垒及其他建筑物，一律拆毁，其意是使此岛重返于无人停泊的荒凉之地，并将岛上破坏到无法占据及无可利用而后已。从那时候起到今日，棱诺斯岛也实际上变为无人居留的荒岛了。另一方面热那亚人与威尼斯人之互相仇视和猜疑也起自彼时。

我们本打算次日(星期三)从棱诺斯续往前进，仍然以风向不顺的关系，未能开船。星期四至星期日仍在原处停泊，星期日从伊思坦堡开来一只船，从我们这里经过；我们问他们："近曾泊何处？"答以，"从伽利坡利[5](Gelibolu)停了以后，即开出来的。"按伽利坡利是属于色雷斯海岸，而为土耳其人掌握中的一座市镇。这只船装载着小麦，开往撒克斯岛去。据这只船上人传说，伽利坡利疾病流行，居民死亡甚众。星期日，风力仍烈，当日既未能成行，又在岛上续留了三日。

从棱诺斯岛的高山上，可以远眺希腊境内的土地及山岭，尤其是阿意诺罗斯山峰(Aynaroz)就在眼前，听说上面有一座希腊修道院；院中绝对不准妇女入内，除去人类中的女性不得进入以外，就是阴性的动物，亦禁止入院。例如：母猫，母狗，以及其他阴性动物，皆不许与修道的教士接近。因为接近任何类阴性动物，皆有引起欲念的危险。这些修道的教士，居处安适而不食肉，听说由海路爬山到修道院去，有2日的路程。阿意诺罗斯山上，除有一座最大的修道院外，尚有小规模的道院五六十座。其间教士皆披黑色毛织道袍，戒肉，戒酒，戒用橄榄果油，即属血色的鱼类，亦在禁用之列。所有这些详细的叙述，皆是从路过此间的那只船上水手们口中得来。他们皆曾朝过许多圣山，他们的话，有我们的船长在旁加以证实，显见是不虚。

最后至10月17日(星则三)风力调顺，我们从棱诺斯岛起程，前后已在这里停了10日。所停的地方是介乎土耳其海岸与岛之间的海峡中。星期三中午，我们到了一座名曼恩(Man)的岛旁。这也是一座荒岛。星期四，天气很好，海面平静，我们未驶进韃靼尼尔海峡，只得在峡口外停了一夜。次日船乘着顺风送入峡口，此峡口最窄狭处仅有8哩宽。[6]右岸属土耳其人，再进迎面即是一座高山，山巅建有雄伟的堡垒，山脚处是一座大村落。堡垒的墙垣已经倒坏，堡门敞开。据土人云："一年前，热那亚人曾来此从土耳其人手中将堡夺来加以破坏而去。"此处名为"路尽头"或"转弯处"，[7]昔日希腊人从这里渡过海，侵扰土耳其人的特罗瓦城时，在这里设立根据地。希腊人在通特罗瓦的路上，掘有战壕，我们望到三处壕坑，皆在"转弯处"之上首。

在海峡左岸，有希腊人建立的一座堡垒，[8]据说附近所有的村镇为保护海峡的进口处，皆一律将房屋建成高楼。船续前行，土耳其海岸上有两座大灯塔；塔之附近，皆有民房建筑，地名多白克(Dobek)。据传旧日特罗瓦城居民，曾将从此处到圣玛丽角一带加以占据，不知确否，当日落黄昏的时候，我们的船停在希腊岸的灯塔旁，塔名福阿载灯塔(Foahze)。

星期六，船抵伽利坡利城，这里也有一座堡垒。此地虽在希腊境内，然早已归属土耳其人，现在是苏丹白牙即的[9]之子苏来曼·札来比(Süleyman,Çelebi)的领地。土耳其舰队及商船等皆在此屯卫。土耳其人在此建起规模宏大的造船厂及船坞等。我们经过该处时，见泊有土耳其巨舰约40只，伽利坡利堡垒内已为军队所塞满，这些队伍，经常地保持警戒状态。伽利坡利城之被占据，是海峡内欧洲海岸上落到土耳其人手内的第一座城市。土耳其人是从热那亚人手中将这座城夺去的，该地距土境不过10哩。土耳其人将伽利坡利占据之后，希腊人的色雷斯部分领土，也告不守。同时其舰队也来此集中，又不断地从本土调来军队，运输粮草，建起扼制东罗马帝国咽喉的根据地。

鞑靼尼尔海峡从进口处到伽利坡利城是绵长的一条狭路。现在左岸是希腊，右岸是土耳其，自伽利坡利往北行，海峡逐渐开展，一直到马尔马拉海，更为开阔。伽利坡利城外山巅上，建有名撒图拉都(Satorado)及爱克撒米罗(Eksamillo)的两座堡垒。从这里我们东望土耳其境上尽系山岭及谷道，但是在欧洲岸的色雷斯境内是田畴相望的平原。我们往前行时，已近黄昏，晚间到西自可斯半岛(Sizikos)的顶端停船。据传帖木儿将白牙即的战败之后，从俘虏队中脱逃的白牙即的军的残卒散兵，曾一度流窜到这座半岛附近，并且掘过沟壕，作为夺取这半岛的据点。次日，我们到马尔马拉(Marmara)岛；伊思坦堡教堂所用作石柱的云石，即出于此处。自前晚船沿岸行时，我们已然踏入东罗马帝国境的吕底亚(Ridiya)境内。此后，船又驶至距土耳其海岸最近的一座可伦布斯(Kolombos)岛停息。从岛上可以望到泽拉非里米(Zilafilimi)，那里是通到土耳其最繁盛的城市之一——布鲁撒(Bursa)的孔道。

星期一，太阳将落之际，我们仍然没有走出原处，因为风势逆吹得很剧烈。星期一、二两日，风势仍大，我们将船驶向西岸，缓缓前行，及距岸有两哩时，我们方知已距伊思坦堡码头不过 15 哩之遥了。于是我们先派遣一人到伊思坦堡之白玉路为我们预备宿处，同时通报当地官府，我们是为觐见皇帝而来。

10 月 24 日(星期三)我们乘坐的小船上的所有物品，全部移到迎接我们的大船上。我们也同时乘坐大船靠岸，一路平安到达白玉路。早有仆役为我们备好住处，我们同来的一行人皆居在一地，因为逆风不息，我们乘来的小船，仍泊于原处。到达伊堡之后第一件事，就是与各友人商议下段行程问题，因为路上已多延搁，现在已届不利行船的冬季了。

---

① 原注：耶路撒冷的 Sen Jon 派的大教长及骑士自被土耳其人驱出后，从 1309 年至 1522 年间皆屯驻于罗德斯岛上，当克拉维约游至罗德斯岛时，大教长为菲力伯特·累拉克(Filibert Relak)。

② 钧注：此港位于叙利亚境北部之阿历山岱特海湾内，或称之为阿历山岱特(Alexandra)港。

③ 原注：彼时埃及苏丹为库来曼朝的苏丹纳思伦丁·凡来芝(Nasiriddin Ferec)，在位期间为 1393 至 1405 年。

④ 原注：所谓圣玛丽角者现名巴巴角(Baba Burnn)。

⑤ 原注：伽利坡利是在 1358 年为土耳其人所占领。

⑥ 原注：实际上最狭处不足 3 海里。

⑦ 原注：此处今名训为沙堡(Kumkale)。

⑧ 原注：此处今名撒的巴黑(Seddilbahir)。

⑨ 钧注：苏丹白牙即的败于安哥拉，被擒，死于 1403 年 3 月 9 日，尚遗有 4 子在世，名苏来曼者君临欧洲的领土；伊撒、母撒及麦麦特 3 人则角逐于亚洲，互争大位。至 1413，其中数人死，麦麦特始将土地统一，称麦麦特第一。克拉维约过此境时，土耳其内部正在纷争中。

第三章　伊思坦堡

10月28日我们接到皇帝麻努来召见的通知，于是乘坐一只小船，从白玉路(旧名庇拉 Pera)区出发到伊思坦堡去。[①]岸上许多官员来迎，上岸换骑赴布拉察那宫(Blachernea)。[②]此时皇帝率领臣属扈从，适从教堂归来，即在便殿上赐见。

皇帝高坐在宝座上，宝座铺有小幅地毡，再蒙以狮子皮。宝座背上有一黑绒绣金之背枕。皇帝召问片刻之后，我们即谢恩退出，径返寓所。

皇帝遣使来赐一只新猎到的鹳鸟。

殿上谒见皇帝之际，见皇后伊伦(Iren)及年轻的皇子二人在侧，两位皇子，一名约翰·泰道尔(Jon Teodor)，一名安德罗尼可斯(Andronikos)，年长者也不过八岁。一周后，皇帝遣内侍多人来宣谕，其内容皆是我们在觐见之际所恳请的各项答复。

11月30日，恳请皇帝准许我们游览全城名胜，瞻拜各大教堂及教堂内所收藏之圣物，以为远来之人一开眼界，并请指定官员引导。

当蒙皇帝允可，并指定驸马伊拉包(Ilarbo)任引导。驸马为热那亚人。

伊拉包是赞巴来诺·露芝娜公主(Zomboblelno Logino)之夫

婿。他奉命之后，即率领内侍数人来我们寓所，引导我们赴所欲游览之各处，我们所要参拜的第一处是圣约翰（Sen Jon）教堂。[3]

圣约翰教堂距离布杜察那宫不远，教堂的门前迎壁上，有圣约翰像迎面而立。圣像绘得庄严而工整。自大门入内，正面是一座经阁，四角由立柱支撑，其下为赴正堂心经之路。经阁内满壁上皆雕有神像，下附说明；各像或以金叶包裹，或以蓝、白、绿、红色油漆彩饰，通过经阁，院落即在目前。院内四面皆有走廊。天井中藤萝满架，浓荫蔽天。再进，方望见正堂，正堂之前，又有八角亭。亭下为喷水池，池为黑白两色石所砌成，但柱色碧绿，正堂与教会用房两部分合为正方形。走进正堂前，有三座门，各门上之浮雕，不尽一致。中门巨大，门板皆系银制。门之上，建有门楼，排列绿柱四根，各柱前悬有银十字架。正堂各门上，皆挂软帘，教士领作祈祷时，掀帘而入，不为人觉。

堂内之天花板上，皆雕有庄严神像。正面为天父基督的画像。四壁亦刻有神像多座，各神龛旁备有座位多只，制作精致，旁有小盂，用备吐痰之用。堂内悬银灯多盏。教堂所收藏之圣物甚伙，以箱笼的钥匙存在皇帝手内，箱笼亦由宫署经管，教会人亦不能妄动。虽然如此，我们这次参拜时，幸承教堂执事将圣约翰之左臂一只，允我们瞻仰一番，这是一只从肩部至指尖的完整膊臂，嵌在镶有宝石的金匣内。

此外，这座教堂里尚保存有基督的遗物多件。可惜当日未能令我们瞻仰，因为皇帝出外行猎，这些圣物箱笼的钥匙存放在皇后处，皇后未将钥匙送来，所以这次来不及参观，但是执事人员，允在来日，使我们瞻仰一下，这且留到后面再讲。

圣约翰教堂附设一座修道院，里面住有修道士多人。院内宏大的餐厅内，横列大理石长桌一张，长及十余丈，两边列有木凳，全体修道士皆在此厅内进食。道院拥有果林及园圃多处。

同日，我们又到圣玛利·庇利帕拉突斯教堂（Sen Mari Peripilatus）④内参拜。教堂门外立有许多神像。正堂前并列有若干神像浮雕，附有解说，颜色皆取金碧色；走入教室时，左方即见有圣玛利亚的画像，旁附说明。望玛利亚足踏 30 座城堡的名字，以希腊文一一标出。据引导者讲：此 30 座城堡是由罗马纽斯（Romanüs）皇帝捐赠与该教堂的产业。圣玛利亚像上，尚悬有铜铁牌多块，牌子系用铅丝封印系牢。牌上书明各城堡信士捐赠与该教堂产业数目。

圣玛利亚教堂前有 5 座山门，正堂及办事用房构成四方形。正堂内部异常辉煌；碧绿色的高柱，上承天花板。罗马纽斯皇帝墓室就在教堂内的一角落。据引导者言，这座墓室原有金门并在其上镶嵌宝石。200 年前，罗马人的十字军进据伊思坦堡之际，将墓室的金门和宝石掠去。教堂内尚有其他陵墓一座。此教堂保藏有圣约翰的另一只膊臂。我们见其肤色鲜红如生。据说圣约翰之圣体焚化时，左臂未曾烧去，多赖保护得法，故能保存至今。膊臂放置在金质的槽形匣中，形式完整，只缺一大拇指。我们向教士问及原因，他们的解释如下：据说，从前安塔克亚（Antakya）⑤为偶像教徒所盘踞的时候，居民为一水怪所扰，不得已，每年以一活人为祭品，以求免祸。被牺牲的人，每年是由居民中抽签决定。历年以来，抽定之人，即被掷入海中，由水怪吞食，性命绝难幸免。某年抽签之际，偶像教徒某人的女儿抽中。此人因痛惜女儿之被牺牲，而

又乏拔救之策；极端苦恼，心绪懊丧，某日狂啖纵饮之后，到基督教徒的修道院附近去散步，信步走进修道院来，与修道教士们谈及自己有一桩疑难事，求一解救方法。教士当告以昔日曾有人因疑难之事，向圣约翰作祈求，多得其显灵而获解救。这位不幸者，述及亲女被抽中为水怪之祭品，将被牺牲之事，恳求显灵，俾得脱难。教士在旁为他一番真诚所感动，即引他入道院内部，将所保存的圣约翰之左臂，令其瞻仰，他向圣臂叩首参拜，最后走向前去，将臂上大拇指取下，含在口中而出。当祭水怪的日子已届，居民将这个不幸的女儿拥去，准备投入水怪口中。这时女儿的父亲紧随在旁，见水怪临近，张开巨口等候吞人；他忙将所窃来的圣约翰之大拇指，向水怪投去。水怪吞下之后，翻身打滚，片刻即死。这位得灵迹之助，而救出女儿之人，立刻投入修道院，皈依基督教云。

伊思坦堡圣玛利亚教堂内所保存的圣臂，就是这段传说中所说的圣约翰之左臂；臂上大拇指残缺的原因即如此。

教堂之内，尚藏有一座小十字架。他们也取出令我们瞻仰一番。十字架用金制的匣子，加以托衬，这是使基督被缚受刑的真实遗物。据教士谓，这是用当日基督被害的木架上的原封材料所制成的。木料显黑褐色，系伊思坦堡城的建筑者，君士坦丁大帝时代，由皇太后亲赴耶路撒冷圣地发掘遗址，自基督殉难处掘出原木架碎块，凑成一小十字架，遂取回保存在伊堡。

此外，我们瞻谒教堂内所保存的圣葛雷哥利(Sen Gregori)的遗骸。以保存得法，至今仍然良好而完整地停在该处。

临出教堂之际，我们从一条走廊经过，见壁上绘有圣迹画多幅，其中以圣玛利亚像最为传神，其精妙为他处所不及。

教堂内之教士，数目甚多，我们这次参谒，即多承这些教士随时指示及解说。最后引我们到一座大厅，厅内彩画满壁，称之为"琳琅满目"，足以当之。其中一幅为哲比拉衣(Cebraili)向圣玛利亚施礼图，又如基督诞生图，基督与12圣徒偕行图。总之，基督从降生至殉难，每项重大事件，皆经绘为专图。

修道院内建有修道士住房多间，内部布置皆甚整洁，四周亦辟有林园，园内有喷水池之属。教堂即附属建筑，为数甚多，自远处而望，俨然是一座城池。

次日，我们赴另一座名圣约翰⑥之教堂去参拜。

这座教堂内的教士，为数亦众。大门崇高，其正堂之侧，即为修道院。教堂内部彩画，亦极完整华美。教堂全部建筑，作四方形，半为正堂，半作教会用房。正堂宏伟，其大理石之支柱，有24根。

同日，我们到竞技场(Hipodrom)去参观。场之四周，围以大理石柱。石柱之粗大，三人方可合抱。柱间之距离甚近，合计全场外围之巨柱，共计37根。场内特为妇女辟有看台。由台上足以望到场内种种竞技。看台前后，皆由大理石板围作矮墙。看台长度不过二三十步，分为数层，逐层加高，每层看台，皆以石柱4根作托柱，上覆以石板，是为观众坐位。

看台的中心，有高大包厢一座，其石板坐位之下，是由4座巨大的石像作支柱，包厢是为皇帝皇后临幸时之御座。

看台对面有华表两座矗立，虽为锯断的巨石所接成，但念及当日如此巨大笨重的石料，如何运来而建立之，实属令人惊异不止的事。华表之高巍，亦极可观，在马尔马拉海上，未见伊堡城市，已能望见华表之耸入云霄。据云两座华表乃为将帝国的重大事迹，永垂后世起见而建立的。所以在华表之石座上，刻有许多费解的文字，华表上并刻有建立者狄奥杜斯约斯（Teodosyos）皇帝的名字。竞技场四周的石柱，即以华表为起点，各柱上亦载有古代名人的生平事迹。竞技场附近尚有龙柱 1 座，系由青铜所铸成，上有神龙三条，互相盘绕，颇似粗链三条，龙首向外探伸，龙口张开。据云，三条神龙有镇邪避怪之力；若干年前，伊堡城内为毒蛇怪蟒所苦扰，居民多受其毒害。因此某位皇帝将三条镇压之物拘来，铸为龙柱，从此蛇蟒绝迹，不再为居民之患。

竞技场内甚宽敞，三面由看台环绕，看台逐层加高，观众皆可分据台上，纵观竞技。台后为竞技者留有专用的更衣室。同日，我们又赴阿亚苏菲亚[7]（Ayasofya）教堂去参拜。阿亚苏菲亚在希腊文称为圣苏菲亚（Santa Sofya），其意为“真正的玄妙”，其玄妙之处，在乎上帝之子的降生。这座教堂就是为供奉上帝之子而建立的。此处为伊思坦堡城规模宏大、地位崇高而重要的一座教堂。这里有些希腊人的戒条为教士们所遵守，并监督教民奉行教典。教堂特为希腊大主教辟一独院居住，希腊人称大主教为 Metrepolit。教堂正院前，一列 9 根白色巨柱，其粗大为世界上所罕见者。据传，昔日在此一列石柱尽处，尚有大生教及神父集会用之会堂一所，现在已不见。庭前高墩上，有铜马 1 匹，其壮大，约有真马之 4 倍。铜马背插雨翼，振翅欲飞，颇类孔雀之开屏。马身各部皆用铁链系绊，以防雷震倒。[8]铜马通身为青铜铸成，前蹄及后蹄各一只，悬于空际，并不落实，益增其奔腾之神态。马背上是一位勇将，右臂高举，手指伸张，腕下悬球 1 个。左手作揽韁式，马上的勇

将之魁伟与铜马之巨大，两相衬合，而墩柱之广大与此匹配，益增雄伟之气象。铜马上的勇将，传为朱斯廷尼延皇帝(Jüstiniyan)，实际上，不但此铜马是朱斯廷尼延所建立，即阿亚苏菲亚教堂亦系其建筑。当其在位时，曾与土耳其人大战多次。

阿亚苏菲亚教堂之大门是在4条石柱撑着1座门阁之下，其建筑之形式，极为庄严宏丽。入内则见正门，门高而宽大，其上为圆锥形；入门经过甬道，上面为长阁；其尽头又有一道门，平日深闭，门启，内部院落皆呈于眼前。院落宽大，局势轩敞；左为侧堂，建筑富丽。壁上皆用各色花石堆砌而成。右亦为侧堂1座，再进即至正堂的5座门，门板用青铜铸成，终年关闭，仅留中央1座巨门，时常开启。正堂之崇高与宏伟，亦为他处所不及。

正堂的尖塔，较其他处者，尤为巍峨，自下而望，有不能尽睹之感。正堂内部，深105步，宽90步，尖塔下支以4大柱，漆以红色。塔内雕像环列。高台之上，陈列圣像及各式彩色之雕像，迎面而立，栩栩如生。自远处望之，如注视来者。各像间之距离，大约3尺。正堂中央，设有祭坛，上对堂顶，下托以4支柱，教士即坐于此上讲道。重要节日，在此念经，正堂基地为云石所墁砌，回廊高悬壁间，由其上可望外方。回廊宽约20步，其顶上壁上，皆有极富丽之雕像。右回廊之壁上嵌立巨石一方，位于各色石之中心，上雕有圣玛利亚怀抱基督之像，神采奕奕，允称艺术上之佳作。此像之旁，有一圣约翰像，其刻画之工整，诚所谓“刀斧未施，成自天然”者。石上纹线，似将所刻出之圣像，隐约示出。据谓，当年此石由矿山掘出时，石工已见其上有暗纹显出圣约翰之轮廓，皆以为灵异。石上线纹隐约现于四周，极似天空之烘云，托衬中间之白色。

正堂附近有墓室数间，其中一处保存某大主教之遗骸，至今其骨肉仍然完整未坏。此遗体亦列为圣迹之一，另有圣劳伦斯之焚化场，我等亦曾参拜。

阿亚苏菲亚教堂之外院有房舍仓库多间。另有楼阁多处环列教堂之四围，但多半倒塌。即教堂之外围墙亦遭拆毁。近年来教堂各处大小门户，多有以石封塞者。教堂之下，设有蓄水池。面积广阔，可容小艇百只。教堂内古物遗迹之多，颇有不胜枚举之概，即欲略述，亦非在此停留仅数小时者所能胜任；甚至居住此中若干日，尚有未得尽睹之感。参观之人，即令其终日游览，自以为已尽览一切矣，其实依然有若干事物，为其所不悉者。阿亚苏菲亚教堂为无人敢加侵犯之禁地。无论希腊人或外人，犯罪后藏入此教堂，任何人皆不能加以逮捕，即使犯人所犯者为抢劫罪或杀人罪，亦不能将其提出。

---

① 钧注：这里所称的伊思坦堡彼时称为君士坦丁堡（Constantinople），为东罗马皇帝君士坦丁大帝所建，位于白玉路市区的对面。中间隔以哈立赤港。昔日往来需船，现在西岸近处，建有铁桥云。

② 原注：布拉察那宫之遗迹现已不可寻，但伊堡北部山巅处为当日之旧城及 Haliç Nozu 所在地，尚可寻按。

③ 原注：圣约翰教堂，现已无遗址存在，有指昔日上彼得教堂（Petra）即今日之开斯麦克岩（Kesmekaya）之地者，亦有指昔日之宝丹宫（Bağdan Saray）即为该处者。按宝丹宫系派往巴比利之专使所居留之处。

④ 原注：圣玛利教堂遗址上，多年来即改为苏卢（Sulu）修道院及阿美尼亚人所有之圣乔治（Sen Çorç）教堂。

⑤ 钧注：安他克亚（Antakya）位于土耳其境南，为滨爱琴海之港口。

⑥ 原注：此处已改建为伊斯兰教礼拜寺，名米罗候寺（Mirahor），不过

寺址面积大小，与克拉维约所述者稍有出入。克拉维约谓该教堂之石柱，其数为 24 根，实际上礼拜寺之石柱仅 18 根。

⑦ 钧注：按阿亚苏菲亚教堂，自 1453 年伊思坦堡落入土耳其人之手后，即致为伊斯兰教礼拜寺。至 1930 年，土政府又将其开放为博物馆，其原有之壁画雕刻等，尚多有可寻。

⑧ 原注：克拉维约所指之石墩，其上之铜人铜马等附着物，于 1492 年经雷击震毁。此墩及铜像，于伊堡落入土耳其人手中 40 年后，方遭毁灭，现在炮台门图书馆内（Tapkape）仍保存有石墩及铜像画片。

第四章　伊思坦堡(续)

同日,我们又参拜圣乔治(Sen Çorç)[①]教堂,其前院是一座大花园,正堂远在后面。堂前辟有洗礼用的大水池一座。上建一亭,由8根石柱支撑,柱上镌有精美雕刻。正堂的建筑亦庞大,其内陈列名画多幅,其中一幅为基督升天图。正堂结构宏伟,地基用各色石块砌成。花石排列之巧妙,令人惊异。正堂的天花板有天宫生活画,尚有天使在空,芸芸众生在下之浮雕。所有这些雕画皆极细致,叹为观止。教堂内尚有1座皇后陵墓,[②]上覆绫罗。

当日,游至此处,即返归白玉路寓所;并且决定,次日到哈利赤(Haliç)之康巴哥斯(Kanbogos)门[③]去游览。

我们本定次日同驸马伊拉包乘马赴市内其他各处去游览。此项计划,结果不曾实现一件。

原因是这样的:次晨,我们正向伊堡去,半路上被迫转回。据传,有重大事变发生。其事起源于威尼斯王国之被推翻,政体改为共和。正在围攻伊思坎得伦港的热那亚舰队,因此被视为敌国,遭威尼斯人舰队的袭击而告毁灭。热那亚舰队长官法军大将布西戈的亲戚,同时也被俘。

消息传来,白玉路上,立刻人马沸腾;所有威尼斯商人,立刻被收监下狱,码头上停泊的若干只船舶,亦一并为政府没收。白玉路当局原来已将我们携来之贡品什物装在一只开往特拉布松(Trabzon)港的船上。现在政府需用船只甚亟,已来通知,令我们即时将船让出。

冬季已形迫近,我们不能及时乘船出航,形势极端不利。同时雇用他船,又极端困难。如此,本人所负国王亨利之重大使命,究竟如何圆满完成,不得不早思妥善方法。当日,先通知驸马伊拉包,述明本日未能赴约的原因,并告其改为明日再往。是日皇帝狩猎归来,赐我们猎获的野猪一只。

次日,为 11 月 1 日(星期四),我们又渡海到伊堡去。伊拉包等正在康巴哥斯门迎候,旁边尚有宫内官员多人。我们一同乘骑往圣玛利教堂去参拜。这座教堂一部分在布拉察尼亚宫,一部分在拆毁的阿那玛西(Anamasi)塔左近。塔址正是旧日停泊船只的码头。据我们的揣测,这座塔是被老皇佩罗略(Jon Paleolag)所拆毁的。老皇佩罗略曾为其长子安德卢尼可斯(Andronikos)囚于此处,其经过之详情,我们在下面要述及,此处暂且不谈。圣玛利亚教堂昔日本为宫廷教堂,建筑极其庄严富丽,至今各部分装修尚崭然如新。

出圣玛利亚教堂后,第二次赴白玉路方面之圣约翰教堂。上次我们参拜该处时,以圣物箱柜的钥匙不在,未得瞻仰其内容;这次预先通知教堂,预为准备妥帖。入门之际,已见全体教士遮候两旁。入内,则闻诵经之声,洋溢堂外。烛光熊熊,香烟缭绕。首进存放圣物的院落,教士先抬来一只红色箱。于全体教士诵经声及灯光四照中,将红箱放置长案上,案面覆有绸袱,见箱之两端,由白蜡上加盖封印,印下有银锁,开锁从箱内取出白银盒一对;又自内取出加封大袋一只,拆开封皮,自袋内取出基督殉难之前,最后一餐上留存给犹大(Juda)的一小块面包,基督将面包给与何人,即表示何人为凶手。不过当日犹大并未食此块面包,现在从箱内所取出之面包,即当日遗下来之原物。面包用绸袱包裹,上加朱红封皮,面包大小只有三指长短而已。其次,又启开金盒一只,里面所收藏为基督当年受朗格西纽斯(Longsinüs)长矛刺伤而流出之血渍。又自囊中取出一金盒,里面所保存者,亦为血渍。据教士解释,此血亦系基督的血,不过不是本人身上的血,而是从一幅基督殉难图上流下的血。其原因是贝鲁特城有某犹太人,曾将画像中十字架上的基督用刀刺破,不期画上流出真血来。

又从袋中取出一个瓶,瓶塞用细链拴住;瓶内有红色绒一块。上面绷有基督的头发胡须数枚,是为基督被系在十字架之前,由犹太人取下来的。

尚有碎石一块,亦从囊中取出,此为基督殉难后,从十字架上取下,放于地上,此石曾垫在他身底。

从囊中又取银奁一只,银奁上面加有金色封记;奁内金盘上盛有矛尖一枝,这就是朗格西纽斯当日用以刺伤基督的长矛之一部分。矛尖系由钢铁打成的,上面还留有血迹,血迹鲜红,好像此尖是方从人身上拔下一般。银盒内尚有当日在耶路撒冷刑责基督时所用的木棍一节,其长度也不过一个拳头大小。又基督被绑在十字架上曾经饮过一匙酸醋,这里还保存着这把羹匙的碎块,基督所穿过之衣服的一角,也收藏在这个银盒内。这段夹红线的材料,是一段袖口;袖上尚留有纽扣,纽扣敞开,排成在自腕至肘的一列,另有一段基督穿过的衣料是紫红色,不类乎纺织物,像是编制物的材料。我们在教堂瞻仰这些圣物之际，一般市民以及各界名人闻讯，不约而同的集在我们身旁，趁机瞻仰，到目睹这些可纪念的圣物时，皆口念祷词，向之俯身下拜，有的甚至泣下。

同日，我们又赴女修道院去参观，我们曾瞻仰这里所收藏的各色云石板，基督从十字架上移下时，就卧在这些石板上。圣玛利亚及圣约翰哭泣时，流下的眼泪，皆滴在石上，留有痕迹。当基督被悬于架上之际，他们在侧，皆曾痛哭，所流下的眼泪，大约皆冻结在这些石板之上。

伊思坦堡另有一座圣玛利教堂，[④]院落不大，只收容修道年深的教士数人在内居住而已。其中藏有圣物一件，下面将作叙述。此处的教士，绝对戒肉，戒酒，戒用油烹的蔬菜，对兽类的肉，固然不入口，就是鱼类也是禁食的。

这座教堂之内，四面皆列有雕像，其中以玛利亚像为最名贵。据谓，此像系根据圣陆伽(Sen Luka)所拟的虚线而雕刻的，据教士告诉我们，这座圣像时时显灵迹，因此一般希腊人对之异常虔诚，信奉之有如神明。教士将此像供于一极庄严的圣母堂内。四周镶以边框，饰以珍珠宝石，长度约 6 只拳头大小。又恐此像遭遇意外的损毁，所从在木框之外，护以铁箱，每星期二，信徒多人，来像前举行弥撒礼。

我们抵教堂时，在许多教士之前，将铁箱打开，圣像取出，放在正堂中央；全体教士一齐对之祈祷，祈祷时不乏呜咽泣下者。圣像分量沉重，取出放进之时，每每需要三四人之力方能提动。但在祈祷之后，有一位老者单身走向前去，将圣像提放在原处。以一老年人，居然能提动需要三四人之沉重石像，实属令人惊诧。据云，除此老人能单身提动外，其他任何人，皆不胜此任。

每年在若干圣餐会上，将此圣像搬往阿亚苏菲亚教堂，俾一般信徒得以瞻仰及作供奉。皇帝麻努来之兄即废皇约翰之父，安德卢尼可斯之陵墓，即在此教堂内。

皇帝麻努来，希腊人称他为“机警的曼诺来(Manol)”，他之得以继承大位，中间颇有些曲折。麻努来之兄——安德卢尼可斯曾登帝位，当其去位之后，本应由其子约翰继任，但以安德卢尼可斯之得登位，系由叛劫老皇约翰·佩略罗而成功的。其事与邻邦的土耳其苏丹朝中同时所发生者，如出乎一辙。当年苏丹白牙即的未继位时，其兄撒瓦芝(Savace)亦曾在登位前，谋叛其父苏丹穆拉特而自立。当此之时，两国叛逆的太子，既然皆以推倒父皇为目标，于是东罗马帝国之老皇帝与土耳其之老苏丹也为惩治不肖之子而作联合，以免为逆子所害。皇帝及苏丹曾经暗中约定，于捕到二逆子之后，将处以剜目之刑，然后将其二人，一并送到伽利坡利的堡垒去囚禁，以为叛逆者戒。不久两位太子皆遭捕获，东罗马老皇帝又痛怜亲子将受非刑，心中有些不忍，于是判处逆子投入黑狱而罢。虽然如此，太子安德卢尼可斯在受开水浇头的非刑时，眼睛几乎失明，视力很坏。

安德卢尼可斯被收入狱后，过了一个期间，经太后的恳求，老皇帝允准太子之妃到狱内去探视，安德卢尼可斯经其妃在监狱内细心医治，眼睛居然恢复了视力。

一日，安德卢尼可斯正与其妃在狱中同坐，其妃忽见墙角上有蛇爬出蹿进，立刻告诉太子。安德卢尼可斯闻说，忙令她领过去看，刚好一条蛇探出头来，他迎头一击，立将其击毙。据说，蛇身尚且相当的粗大。此事传到老皇耳中，引起他怜惜亲子之情，于是诏令赦免太子之罪，从黑狱中将安德卢尼可斯释出。但是太子并未悔过，不久，又作第二次叛变，而且居然成功。老皇反被囚禁在狱里，度了若干时日的囚犯生活后，方为其旧臣救出，而恢复自由。安德卢尼可斯见势不佳，逃之夭夭。老皇帝自狱中出来，首先将被囚的监狱拆毁，废大太子立二太子麻努来继帝位。而安德卢尼可斯之子，以前皇之太子的资格，与叔父争帝位，要求共同统治帝国。最近几年来，麻努来与其侄约翰修好，而以两方皆保有帝号为条件。

将来麻努来去世后，不能传位与其子，而由约翰继任。约翰现在可以称为候补皇帝。约翰去世后，再由麻努来之子继位，如此由两方的后代，交换着继承下去。

伊思坦堡内有一座极完整的蓄水池，名为麦麦特水池，池边用石灰砌抹，并用支柱多根以撑池上盖板。池之容量极大，放满时，足敷市内多数居民饮水之用。⑤

伊思坦堡之城墙高峻而宽厚，城垣上建有碉楼多座。城分三面，恰恰成为三角形；每面长约 6 哩，合计方圆 18 里。城垣一端起于马尔马拉海岸，一端达到哈拉赤山坡(Halic Nazu)，布拉察尼亚宫就建在哈拉赤山坡上，为本城距海岸最远之处。城内面积虽大，而人口并不稠密，空隙之丘陵地上及平地上，辟有田圃点缀其间，而花园则随处皆是。城内最繁盛的区域，则属滨海一带。至于伊思坦堡的工商业中心，则在白玉路区。海上开来大小船只，皆停泊在白玉路前，所有装卸货物及采办应用物品者，皆来此街上。伊思坦堡的居民，不论住在城内或商埠，皆以白玉路为交易或办事的中枢。

城内各处多有旧日宫殿、教堂以及修道院的遗迹。虽泰半颓毁,但仍足以证明伊思坦堡为自古以来的名都之一;即以目下而论,城内大小教室,据估计,为数仍不下3,000处之多,其盛况可知。伊堡城内,有圣泉,自来水,喷水池,以及甘泉多处。圣使徒(Havari)教堂[⑥]附近,连接两山之间,有水渠一道,水渠左边的果林,花园皆取此渠之水,以资灌溉云。

朝着白玉路方面的伊堡城门附近有监狱一座,其中所收容者,皆属重罪犯人,如叛逆者,违法者之类。例如:使用假秤以称面包或肉类的犯人,皆送入这座监狱来收押。

从哈立赤坡到白玉路一带街道上商肆林立,各地运来的货物皆汇集此处,哈立赤之位置,处于伊堡城及白玉路商埠区之间,若以卡提斯坦的城市作比譬:伊堡城的位置,有类乎塞维尔(Sivel),而白玉路区又像特立阳(Triyan),这座城名本是君士坦丁堡(Constantinople),但是,希腊人也与西班牙人一样,呼之为伊思但堡。[⑦]

白玉路区,地方并不很大,而人口极其稠密,外围有坚固的城垣卫护。街上的房舍极其华美紧凑。这里自经热那亚人占据以后,即隶属于热那亚。居民中则希腊人及热那亚人皆有。白玉路一带的市房,紧邻海滨,城墙之外,仅留一停船的码头。再往前,即是海水。环卫白玉路的城垣,自海滨通运山巅上,而山巅更建有高堡。据此堡则白玉路全部[⑧]皆在掌握之中。但是白玉路旁的山坡,实际上并不十分高峻,其右方尚有具控制一切地位的山头——哈立赤山。此山于1399年伊思坦堡及白玉路被围攻之际,曾一度陷于苏丹白牙即的之手。

围攻伊堡之役中,苏丹白牙即的军分为水陆两路,曾作猛攻2

次;其中1次,续攻达6个月之久。陆路上调集大军不下40万正攻,海面上集有60只巨舰任侧击,虽然来势极凶,结果仍未能攻陷,因为防守者之坚决,亦曾竭全力以赴之。实在讲起来,以善战著称之土耳其人,于此番猛攻中未能取得伊堡,诚可诧异。或许由于攻城技术的过于拙劣,亦未可知。伊堡与白玉路间,一条狭隘的走廊,就是哈立赤,因为哈立亦山坡前之上地,也不过三分之一里宽。其地可作伊堡及白玉路两边用的码头,其位置之优良及安全,在世界上可以称为绝无仅有。停于此间的船只,即足以躲避风浪,又得隐藏在内,为敌人所不能损害。只将伊堡与白玉路两面岸上加以坚固的扼守,哈立赤前停泊的船舰,即能保绝对的安全。哈立赤前面水深而湾广阔,即属最大的舰队,亦足以收容之。伊堡对面的亚洲土地属于土耳其人,每日自伊堡及白玉路港口开出的船只,皆须在土耳其人辖境之俞斯奎大(Üsküdar)前经过。

白玉路区之落入热那亚人手内的经过如下:当初,热那亚人从伊堡某皇帝手内购到沿海的土地一段,逐渐蚕食附近土地,借强力建起了商埠的规模。现在白玉路区,名义上仍归皇帝,所通行的货币,仍为东罗马帝国货币,法令上亦无二致。

热那亚人称此处为庇拉(Pera),希腊人则称之为卡拉他(Galata),热那亚人未占领之前,此地尚是草野,向来用作为牧场,牧放乳牛。所取牛乳,送至伊堡城内销售,希腊语中称牛乳为卡拉(gala),西班牙语中亦有名牛乳厂为Galata者。此处辟为商埠之历史,为期亦不过61年。白玉路区内有修道院两处,建筑既富丽,陈设亦极讲究,为名圣保罗(Sen Pol)及名圣法兰西斯(Sen Fransis)者二人所建立。其中以圣法兰西斯修道院尤为华美。所收藏的圣物多件,曾逐一指出令我们瞻仰,例如:圣安德卢(Sen Andro),圣尼可拉(Sen Nikola),圣法朗西斯之圣躯遗骸,皆在此院中保藏。另有圣加太雷(Sen Katerin)的遗骸,保藏在一具透明的棺内,此外圣哲的头骨多具,也收藏于此院。当日基督被钉于其上的十字架,原封木料之一部,现凑成一座小十字架,上面镶以珍珠宝石,也是它所藏宝物之一。据传:罗马人以十字军为名,侵入伊堡之际,曾将此十字架强夺而去,后由希腊大主教向罗马教皇争诉,此物方得物归原主,仍保存在该院内。圣物之外,又取出珠宝镶满的贵重衣服数件,令我们饱览一番。

圣法兰西斯修道院中,有一位法国大将[9]的墓室。这位大将曾经与匈牙利王同率大队十字军东征土耳其人,于尼包卢(Nigbhlu)一役中,兵败被俘,死后,乃葬于伊堡。

圣保罗修道院内,尚有特陆可斯公爵墓。这位大公,也是因为在十字军中战败被俘,为苏丹白牙即的以毒草杀害的一位牺牲者。其旁有若干法国将士墓,墓内皆是被俘后,交纳过赎金,以冀活命,而结果仍不免一死的人物。

---

① 原注:圣乔治教堂位于曼格拿(Mangana),此处为伊堡之造船厂旧址,现在教堂之遗址,已不可寻。据书上记述看来,其地点不外于自阿亚苏菲亚教堂至皇宫转角处之海岸一段地带上。

② 原注:据塞来遵斯基(Serezenski)所推断,墓中所埋即君士坦丁第十之后,按君士坦丁第十即圣乔治教堂之建立者云。

③ 原注:康巴哥斯门(Kanbagos Kape)现在称为彼得门(Petie),距此门不远处,有修道院一所,昔日土耳其妇女要求参政时,奥思曼帝国政府曾将彼等拘禁于此。

④ 原注:圣玛利教堂,已无遗迹可寻。

⑤ 原注：克拉维约书中所载之蓄水地，系指何处水池而言，此际已难考出。大约系今日市运动场附近之地，有名为“千棵柱”处，即当日蓄水池之旧址，较为可靠，至于所措之麦麦特为谁，亦无从考察云。

⑥ 原注：据传法提礼拜寺，即系利用该教堂之材料而建筑者。所述之水渠一道，现仍存在。

⑦ 原注：伊思坦堡之名并非自回教徒征服伊堡之后始用，于土耳其人未入伊堡之半世纪前，即为希腊人通用。

⑧ 原注：此塔建于1348年，现称之为卡拉他塔（Galata Kulesi），旧名为麦西赫塔（Mesih Kulesi）。

⑨ 原注：大将名腓立普·康特·奥托瓦（Filip Kont Otaua），于尼保卢一役中被俘，死于1397年。圣法兰西修道院遗址已不存。1659年即于其地上建立太后礼拜寺（Valide Canri），现在依然巍立在卡拉他塔旁。

第五章　自白玉路至特拉布松

自 10 月 24 日(星期五)抵伊堡以来，就住在白玉路，到现在已是 11 月 13 日(星期二)，仍然滞留在这里，不得动身。每日打探赴特拉布松的船只，始终没有头绪。时届冬季，黑海上航行危险万分。最后我们决定乘坐一只后来在路上误了我们行程的船。船长名斯克诺(Sokono)是热那亚人，他将航行上所应有的准备，稍作料理后，即行拔锚离岸；不过，当日没有开出去，因为有一部分水手未到齐；同时，路上所应用的物品，亦不充足。

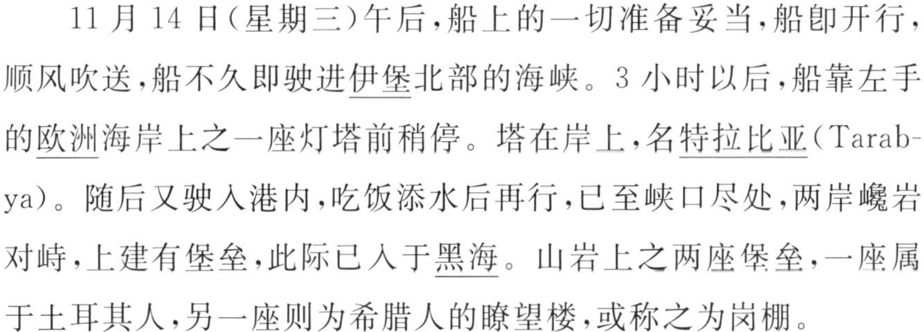

11 月 14 日(星期三)午后，船上的一切准备妥当，船即开行，顺风吹送，船不久即驶进伊堡北部的海峡。3 小时以后，船靠左手的欧洲海岸上之一座灯塔前稍停。塔在岸上，名特拉比亚(Tarabya)。随后又驶入港内，吃饭添水后再行，已至峡口尽处，两岸巉岩对峙，上建有堡垒，此际已入于黑海。山岩上之两座堡垒，一座属于土耳其人，另一座则为希腊人的瞭望楼，或称之为岗棚。

海口处，希腊人的堡垒，早已被毁弃，但是土耳其人的堡垒，驻满军队。除去这两座对峙的堡垒外，西岸上尚另有一座堡垒，而其对面的东岸土耳其人，在山岩上亦另建立了一座，并且用一道围墙，将其两座堡垒卫护起来。

据云：昔日海口最狭之处，沉有铁索，用以保卫门户。同时，开往黑海的船只，非将税纳完，休想过去。我们到海口时，已是晚间，即决定在黑夜中驶出。海峡的右岸属土耳其人，左岸在希腊人手中。两边岸上所被拆毁的教堂，尚隐约可见。夜半，我们起锚开船，入于黑海。星期四上午 9 时，正在顺风中行驶之际，船上樯杆，忽然折断；水手赶忙操桨，将船驶向岸去。就在岸旁小作修理。午后又继续开行。前面见土耳其海岸上，就山岩建筑了一座堡垒，好像在山岩上加上一顶冠盖，海水不断地冲击堡垒下的岩石，堡垒的上层伸出海面，只有一边与陆地相连接。堡垒名塞可洛约(Sekolyo)，太阳将落之际，船已开抵菲诺冈亚(Finagonya)港，此港为菲诺冈亚小岛的港口，隶属于热那亚人。白玉路区的热那亚当局，最近曾派战船两只，来此搜索截获从亚速海(Azak)开来的威尼斯船只。现在被视为敌人的威尼斯舱只满载货物，自以为平安无事，可以驶返本国去，谁知热那亚人及威尼斯人冲突开始以来，热那亚人见到威尼斯人的船只，即行没收，船上人员，一律扣留，我们到达菲诺冈亚的时候，有一只热那亚战船停在港外。

我们本打算次日(星期五)继续进发，因为风势不顺，未能成行。同时见热那亚战船也泊着未动。菲诺冈亚岛上并无土著居民。距此 2 哩外，就是土耳其海岸，岛上的堡垒可以扼住岛的进口，管制船舶出入。我们鉴于岛上的安全有问题，所以建议早离开此处，将船停到菲立加(Firika)去，那是往东再行 6 哩的一座岛。有一只热那亚战船泊在那里；但是船上水手认为停在菲诺冈亚颇为妥当，只是将船驶到距堡垒最近的一处而停下。正在夜半，海上起了飓风，水手又认为将船驶出港外、泊在热那亚战船附近较为安全；于是拔锚启碇，操桨前进，谁知波浪滔天，想靠近战船已然不可能。飓风愈来愈烈，大雨又似倾盆自天而下，我们于是放弃了驶近战船的打算，决意返回原处，在原处停泊，这次抛下双锚，但是依然抵不住风浪的吹打，锚与船一同为水势推动，溜滑出去，溜动之际，我们恐怕将船撞到岩石上；幸赖上帝保佑，铁锚碇住海底，我们才深庆得救，万一船撞到岩石上，不用讲，全船人员定要粉身碎骨。虽然，此时风势不特未减，反有增剧之势，我们一齐在船上作祈祷，念经，求上帝佑助；波浪依然汹涌，浪头之高，直冲及樯柱，使船杆斜倾，船内已灌满了海水，我们全体皆浴在水中，最后的呼吸，完全要仰赖上帝的怜悯了。这种危急之事，若发生在白日，我们还可以张开船帆，开到海边去；但是，时正夜半，四面漆黑，不敢开动。我们船上的人，彼此已经救应不及，正当此风狂雨暴之际，热那亚战船也离开停泊的地方，晃晃荡荡地奔向我们的船来，像要对我们撞过来一般；深感上帝佑助，战船从我们的船侧滑过。战船之突然开行的原因，自然也不是船上人驶开的，完全是因为铁索猛然被吹断，船身为水势所推移，自行滑动飘流起来；强烈的风力，结果竟将一只巨舰送向岩石，撞了个粉碎。船上的水兵，见势不佳，于撞岩之前早已放下小艇，全数登陆出险。自然，船内一切军械，以及什物，皆沉入大海，一件也不曾取出。战船上的樯柱，这时已飘到我们的船边，幸亏没有撞到我们的船，便为巨波所卷去。我们船上的人，皆被水浸得遍体淋湿，同时还要全体动员，将灌进船内的水淘出，这样继续工作到天明。至清早时，风势稍减，但是全船人士，已然疲惫的要死，勉强扬起船帆，开近土耳其海岸来。

热那亚舰上脱险的水手，满以为我们在飓风中已然船破人亡。及见我们的船上又扬起帆时，颇为惊异。船驶近土耳其海岸时，我们皆泅水登岸，再陆续把船上的物品搬上岸。西班牙国王送给帖木儿之贡品，丝毫未受损毁。如此，我对国王所交付的贡品，得以保全。从海岸上，再将这些物品，运到附近一座山头上。战船上水手嘱咐我们："倘若遇到土耳其人来问时，就称我们是热那亚人，所携礼物，是送给苏丹的贡品"。果然登岸不久，就有土耳其人来询问，我们答称是昨夜撞在岩石上的战船中人员。这种说法，目的在将船上的物品，移到另一只船上，因另一只热那亚船现停泊在及伦(Girin)，不过从这里到及伦非用马匹不能运去。经与土耳其人商议，土耳其人答应向附近乡村报信，并代为觅马匹来，但是最快也要明天才能起运。

次日，运送物品的马匹来了，我们一同随行到及伦去。

及伦停着两只热那亚船，我们会到船长阿米卢斯(Amiros)，将经过一切情形，皆经述及。船长的表示极好，并谓："他自己的船只无异于西班牙国王之所有，一切需用之处，皆可帮忙。"我们承他这样厚意，当时将所有的贡品什物，皆装上这只船上，船长同时也向土耳其人表示，我们是属于撞沉在岩石的战船上人员。这时，我们的同行人中有曾使西班牙的帖木儿专使，为避免被土耳其人认破起见，请他换上我们的服装，这位专使也改装作西班牙人，倘若不然，这位帖木儿专使的性命极其危险，甚至遭其杀害亦未可知，我们登上船的时候，见所有物品，皆已安置妥帖；为感谢上帝之助，得以再生，乃全体作了一番祈祷。因为据船长讲：这次飓风之剧烈，为12年来所仅见者。然而我们居然能够人物两全，实在有赖于神佑，甚至可以说是一种灵迹。其次，我们的物品，无论是由水手搬上搬下，以及由土耳其人替我们运送之际，皆获完整，丝毫没有损害，也是出人意料。船长告诉我们："现在所乘坐的船，原来也将遭遇同样的命运毁在岩石上的，不过事前驶入港口躲避，所以才能从危境中获得保全。"

上船之后，又要等候顺风。同日，有一土耳其人来向我们讲话。来者是一位村长，据谓："使团既然经过苏丹的领土，又携带进献苏丹的贡品，当然要缴纳税金。"我们对这项要求，当时加以拒绝，土耳其人之所以提出这话的原因，也许他们已识破我们并不是热那亚人。为避免纠纷，次日我们扬起帆来，开回伊堡去。11 月 22 日，船返伊堡，我们上岸重赴白玉路区的寓所。物品也安放在原处，各方友人听到我们从黑海上的飓风中脱险归来的消息，皆以为是件灵迹。

第二天，我们为筹划继续出发的办法，忙碌终日；但是在这个时季，出航黑海的船，几乎没有。原有几只预备开往特拉布松的船，现在亦不敢启行；几只在飓风发生之前驶出的船，现在也陆续驶回。冬季一定要停在这里，所有的船只，皆候明年 3 月之来临。

黑海之所以危险，及航海家之所以视为畏途的原因，是由于黑海海面，东西长约 3,000 公里，而出口只有伊堡海峡一处，其次，海面南北两岸，皆是高岩峭立，绝少平陆之故。

因此，船只遇到危险之际，无处可避。两岸的河水，注入黑海者甚多，河面高于海面，所以倾注入海的河水，往往激成急流及漩涡等，这也是促成黑海上波浪巨大的原因。最厉害者，是北风或西北风吹来的时候，黑海上风浪最剧烈。船只自黑海中驶进伊堡海峡时，为极端危险的事；因为寻找海口极其困难，万一找不到海峡的进口处，一定为巨涛急流所冲击，撞到岸边的岩石上成为碎块，许多船只，皆在这种悲剧中遭遇毁灭。尚有些船只，已经开进海峡，因为西北风吹得过于剧烈，也终不能脱出危险。例如：最近从迦法(Kefe)开来的一只船，就是如此出的险。

最近有从亚速海开来的6只威尼斯船，因热那亚人及威尼斯人正在敌对中，所以来船为东罗马皇帝扣留在哈立赤港内。同时，皇帝通知热那亚当局谓："所扣留的船只，现停在本国领港之内，不过自己愿作调人，使两方重归于修好，不再互相攻击。"双方后来订立和约，被扣留的船只，亦经放行，开返威尼斯去了。

我们要在白玉路区内过冬的事，已可确定，因为可乘的船一只也没有。

直等到次年3月初旬，我们才雇到一只备有190只桨的大船，不过船价极昂贵。我们心目中仍然希望帖木儿现在驻跸卡拉巴，所以乘坐从伊堡开往黑海的第一只船，以便赶上。

1404年3月20日(星期日)，船已备好，我们一齐登船，帖木儿派往西班牙的专使也与我们偕往。船是当日开行的，为再补充淡水，粮食，所以开出不远即停；但是次日近午的时候，总算开出海峡，进于黑海，亦多赖顺风的吹送。

晚间，重抵塞可洛约堡垒之前，夜半续开，次日午后，菲诺冈亚岛在船侧闪过，夜间直达撒卡洛亚(Sakarya)河口处停止。

次日(星期日)晚间，到达一处名彭托拉托亚(Pontoratoya)的土耳其港口(译者按：此处即今日土耳其之爱来里[Ereğle])。此处为白牙即的长子苏来曼·札来比的领土，夜间即停在该处。星期一，因为风向不顺未行，爱来里城三面环山，一面近海。最高的一座山头上建有堡垒。城内人口并不甚多。居民大部分为希腊人，而少数土耳其人亦杂居其间，以前，此地为伊堡政府的领土。据说，30年前，皇帝麻努来以几千度加（Doka，为当日之货币名）的代价，卖与苏来曼·札来比之父——苏丹白牙即的。此城拥有良好之港口，所以富庶而有名。就用建筑此城的皇帝彭托拉托亚（Pontoratoya）[①]之名而称之。

3月25日（星期二）由此港开行，晚间停在土耳其海岸的雷约（Riyo）堡前之海面上。港口虽有这座堡垒守护，但堡内并无守卒。船在海面上停泊之际，岸上土耳其人立刻各守岗位，注视我们的行动。从他们作防御的举动上，可以看出他们误认我们为海盗，或者是来袭击的战船。所以我们始终在港外抛锚，夜半即启碇开行。

次日，船抵自安那多利亚（Anadolu）大陆注入黑海之河口上，有城名巴尔坦，我们将船驶近河口，装取淡水。河水是由矗立在海岸上的岩石间凿开的一条缺口处流下。山岩上建有堡垒，以卫护河口。午后，从此城开出，抵阿玛斯拉（Amasra），其地虽位于土耳其境内，但隶属于热那亚。阿玛斯拉城建在滨海的山巅上，有一道城墙连贯此山与邻山之间；两山间之溪谷上建有一座桥，除便利行人往来之外，两座山头亦因此而打成一片。阿玛斯拉境内，有海港两处。阿玛斯拉城内狭小，建筑亦简陋，而城外则留有繁密的楼房、宫室，以及教堂等遗迹。按照城外建筑之形势观察，当日城外为繁盛而重要之区域，时至今日，所有楼房皆已残毁。星期三，星期四两日，皆停在这里；于参加此间教堂的一次祈祷后，即驶往朵斯·加斯泰乐斯（Dos Kastells）堡（按即今日土耳其境内之赤夫泰堡（Çifte Kale））去。

星期六，海面上起了浓雾，波涛亦随之汹涌不止，船身摇荡得很厉害。我们又起了覆舟之惧。加以迷在雾中,究竟离岸有多远,现在已难推测;于万分小心中,将船开慢。午间才望见土耳其岸上之伊尼波鲁(Inebolu)城。因为没有寻到港口,所以停泊在城对面的海上。午后,大雾益发浓厚,甚至海岸亦不可见。时至夜晚,距船几尺以外,即无法观察。正在计议如何驶近海岸之际,忽听附近有犬吠声,我们全体一面喊叫,一面向犬吠声处驶去;及临近时,方知已靠近岸边岩石,而港口即在不远之处;不过进港口的水道情形仍不明了,当时情势异常险恶。幸由船长唤过一名水手,令其泅水登岸,寻觅路径;水手泅水上岸后,点起一只灯笼,指引船行,由灯号的指示,船才平安地驶入港口。

次日,是帕斯加洛亚(Paskalya)的集日,我们为游帕斯加洛亚起见,船停留一日,没有开行,即系在港内。伊尼波鲁城左近,有几座高山;有一座山头上,建有强固的堡垒,现由伊斯兰教徒国王伊斯芬底亚洛(Isfendiyar)所掌握。他在附近拥有大片土地,每年向帖木儿纳贡赋,境内亦通用帖木儿的货币。他本人现在虽不驻这里,但是他接到部属报告,知道我们是朝觐帖木儿的使团,所以特派专人到船上问候,并且赠送全羊一只、鸡数只、面包、酒等。这座堡垒附近出产最坚韧的木料,专供制造船舶等物之用。

3 月 31 日(星期一),又自伊尼波鲁行抵土耳其境内的西诺坡(Sinop)港。船即在其处抛锚,此地亦隶属于伊斯芬底亚洛。他本人亦并未留于其地,已往距此 3 日程的卡斯他芒尼(Kostamani)去了。据传,伊斯芬底亚洛为准备抵御苏来曼·札来比,而调集 4 万人马,以备厮杀。自他投入帖木儿方面以来,苏来曼·札来比即视之为敌人。我们若能幸而与他会晤,定然有许多补益;关于帖木儿驻跸之地，可以问到，其次是舍舟就陆后的行程问题，也可以向他请教一下。至于伊斯芬底亚洛之归附帖木儿之原委，今述之于下：

安哥拉大战中，全军覆没之苏丹白牙即的，当初曾将伊斯芬底亚洛之父杀害，并将其土地及财产收没，但是帖木儿战败白牙即的之余，将伊斯芬底亚洛的土地发还，并命其仍主其国。[2]这是使他忠于帖木儿之主要原因。

4月5日（星期一），我们离开西诺坡，在海上航行一昼夜。次日午后，到达撒姆松（Samsun），此港系在土耳其境内，有堡垒两座；其一属于热那亚人，另一堡属于苏来曼·札来比。船到撒姆松时，即在海上抛锚，并未入港，原拟次日乘风开往允叶（Üye），谁知次日风向逆转，于是将船驶入港内停泊。撒姆松滨海皆山，其上屋舍俨然，居民以希腊人为多。土耳其人在此附近的不过300人左右。由一位希腊贵族名麦拉希诺（Melâseno）者所统治。他每年也向帖木儿纳贡赋。次日，船虽勉强开出，仍然以海上风向不宜，又停泊土耳其人辖境上之一小港内。地名黎那（Lena），居民由一位土耳其部长名爱洛咱密儿（Erzamir）者所统治。据传，此地于数年前曾遭热那亚人袭击一次。

同日，船驶出港不久即望见一座堡垒，这就是著名的圣尼塞约（Santa Niciyo）堡垒。船曾在堡前抛锚，以飓风渐烈，这里停泊不住，于是就城角附近停息过夜。居民亦隶属土耳其部长爱洛咱密儿统辖。据传，其部下有骑兵约万名。次日（星期三），风向顺适，船又开行，在海上遇倾盆大雨。至晚九时，抵吉里松（Giresun），其城殊小，滨海的建筑，好像是从城内到海边的一条走廊。次日，由海面上望见岸上一座大城，名提来包卢（Tirebolu）。自此城起，即入特拉布松(Trabzan)王国的境内。过此不远,哈吕来(Harel)镇就展在眼前,以气候不适宜于游览,所以不曾停船,即继续前进。晚间,船泊在佛洛(Fol)堡前。次日,风力剧烈,上午9时船抵三佛(Sanfo)堡;因为水手在此地休息一刻,船便停住。午后续航,至晚抵布拉坦(Blatan)港[③]。日间若能赶程前进,当晚本有抵特拉布松港之可能,以该港距此布拉坦,亦不过10哩之遥;终因夜间不敢航行,遂夜宿布拉坦港;而夜半风起,波涛掀天,浪头高起,大有将巨舟拥上海岸之势。同时缆绳亦被吹断,船身为风浪所推移,不能自主。风势至次日(星期五)午后方息。船在当日开抵特拉布松。

自白玉路至特拉布松间之距离,依我们计算,是960哩。此港之城郭,经热那亚人建立壮丽的堡垒一座。我们登陆后,即住在堡内,热那亚人招待我们,极为殷勤热烈。

① 原注:按克拉维约所述之爱来里(Ereğli)旧名 Heratolia,而原书上写为 Pantoraloya,恐有讹误。

② 钧注:帖木儿于小亚细亚一役中战败白牙即的后,一方与各方修好通使,一方将一些被废之君主放还;仍主其国。帖木儿帝国上,曾载其事,足资对照,今录之于下:

"……帖木儿在小亚细亚时,埃及莎勒坛,慑于他的武功,遣使来觐,承认为藩国,在金曜日之祈祷中,列帖木儿名,请修好,帖木儿许之,双方互易馈赠,……东罗马帝国约翰七世(Jeun VII)也遣使往朝,于是帖木儿同欧洲发生交际,迦思迪剌国王曾遣使臣至撒马儿汗,从前一些被废的君生,如爱丁撒鲁罕(Saronkhan)、迦思塔木尼(Kastamoni)等地的君主,皆奉命仍主其国。"54页。

此处之迦思塔木尼之君主即系伊斯芬底亚洛云。

③ 原注:此地旧名 Bülemony,现名 Pulyan,书上所载,恐有讹误。

第六章 自特拉布松至爱洛遵占

4月12日（星期六），特拉布松国王备骑乘，派人引导我们入宫觐见。国王于一座便殿上问询片刻，我们即请辞退返寓所。次日，又承太子召见；太子年事尚经，不过25岁左右。前见国王身高体壮，服饰华美富丽，及见皇太子所着，亦极讲求。所戴皇冠，较一般者为巨大；其上以金锦作徽，冠顶插鸟羽一根，冠边缀以珍贵之兽皮。国王名马纳额勒（Marncel），太子名赖克西玉斯（Leksiüs），现已拥有王号。依此间之习惯，凡国王虽将王位传与子嗣，但其本身之王号，终身保有，并不因传位而失去。希腊语中称此类国王为巴西里玉斯（Basiliüs），其意即太上皇之谓，国王马纳额勒及邻境之土耳其人，现皆向帖木儿纳贡称臣。据谓王后为伊堡东罗马皇帝之亲属，幼王之后，亦伊堡贵族之女，现已生育两位小公主云。

星期一，我们正在寓所闲坐之际，有宫内官员二人来访。一为可卢斯（Korus），乃相当于御前侍卫长官之衔，在此邦有可卢斯之号者，多为御前荷戟负矢之侍卫充任。另一位为布拉瓦士（Bravaş），即内库大臣。此人最为国王所宠信，言听计从，事不经其同意者，即无法进行。论其人品，则甚低微，系一面包师之子，本无位居人上之资格，其所以能据高位者，只因其长于星相之术耳。幼王以国王对之过于宠信而疑猜他人，所以曾演过一幕清君侧，意在劝老王将其黜罢。朝中大臣亦同意幼王此举。当时曾围困宫门，将老王幽禁在内，双方相持达3月之久，迄无结果。最后由侍卫大臣出面，调解于父子之间，方以和平方式结束；为维护老王之尊严计，这位内库大臣依然保留在原位上。

特拉布松城建在海滨上。城墙由海岸通连至山顶，城外掘有深壕，城旁小河之水，灌注其中。特拉布松有此保障，益增其坚固。城外郊野，一片平川，益陪衬出此城之雄伟。近郭之处，多果林园囿之属，由海口至城间之大路上，其繁盛之状，诚有一游之价值。各地运来特拉布松之货物，皆在此间销售。城郭近海之处，更建有坚固之堡垒两座：其一属于威尼斯人，另一座属热那亚人，两座堡垒之建筑，皆曾经国王之许可。城外尚有数堂及修道院多处，亚美尼亚人在此有教堂一座，大主教一人。当地居民对于亚美尼亚人颇为憎厌。而各教堂内亦各操本族语言以祈祷焉。

亚美尼亚人于祈祷中有许多处与基督教罗马教派相似；他们在祈祷中献面包，教士读圣经之际，面转向教众，圣火不投入水内等。亚美尼亚人也为赎罪而作忏悔。每年斋期计40日。每逢星期六食肉，视为定例。斋期中不食带血色的鱼类，及含有脂肪的食物，戒酒，但白昼仍可照常饮食，教士与俗人在斋期内，一律如此；只是遇到帕斯加洛亚纪念日，食肉之日，为每周之星期五，是为稍异处。亚美尼亚人信基督诞生之日，即为受洗之时。至于信仰上或仪式上，亚美尼亚人并未显出特别热烈之处，不过亚美尼亚人为极端迷信的民族，在祈祷之际，毕恭毕敬的，极其虔诚。

希腊人在信仰上亦极其诚敬。不过祈祷仪式上不无错误之处，例如：圣餐上献祭大型面包，从面包上取手掌般一块，加盖金印于其上，此其一。尚有领导作祈祷之教士与俗人之间，隔以幔帐，使双方彼此难以望见；教士献面包之后，将手中盖有印之一块，用白色帕巾包起，放于头顶上，诵经而出堂外。教众在堂上遂即大哭起来，用十字架拍胸捶背；痛哭及叩头俯地等举动，据我们看皆非必要。最后，教士又返回教堂，坐于圣坛上，取下献祭过加盖金印之面包，分赐与作祈祷之教众而散。教士在祈祷中，不讲解任何经典，而各地教堂内，除阿亚苏菲亚外，皆不曾备有钟。因此配合祈祷仪式而用之重要响器，亦不过敲打木鱼而已，各地之教士皆有家眷，惟终身只能娶妻一次。所娶之女，限为处女。倘教士之妻先故，教士即无续弦之希望，只能以独身候终。教士之妻死亡时，可以举行丧仪。教士于每周之三五两日，在教堂内召集祈祷，值周之教士，不得家宿。

希腊之教士，每年之斋节有6；届时戒食带血之鱼类，戒酒，戒用油脂作餐，同时亦禁止归宿家舍。6次斋期如下：自8月1日至8月15日之圣玛利亚节，是为第一次。自圣迦太伦纪念日至圣诞节，为第二次。至于第三次为40日斋期，第四次为纪念12位圣徒，斋期计24日。再次为纪念一位圣者名圣多明我（Sen Dimitiyoo）之斋期，计12日。[①]每周三五两日戒肉，星期六为食肉之日。星期三之戒肉为绝对的，而星期五之戒肉，则可通融。至于下列各星期五日，食肉则又认为合法，例如：圣诞节后之星期五，帕斯加洛亚纪念日前之星期五，以及邦得库施（Bout Kuş）之前星期五，皆可食肉无禁。

希腊人不特在洗礼仪式上有若干错误之处；即在其他仪式上，亦有迷信荒诞之处。即如：教徒某人生前任意胡为，造下种种罪孽，临死之际，将修道院中之修道士之道衣换上，名字改变，如此便以为死后，鬼卒无法稽查，罪过消得干净。诸如此类之风俗，为希腊人所深信不疑者，皆不近理。虽然，希腊人究属对宗教虔诚的信徒。

希腊人所用之兵器，主要的为利剑及弓矢，与土耳其人所用者同，此两族人皆擅长骑术。

自 4 月 11 日行抵特拉布松以来，至 4 月 26 日，皆停于此间，游览城内外各处。并且为准备下一段陆行，亦应在此购置物品，雇定坐骑。

4 月 27 日诸事齐备后，乃自特拉布松城出发，国王派来卫护之人，并任沿途向导。当晚，行抵毕克塞特(Biksit)城，即停宿城角之教堂内。本日所经多为不甚高峻之丘陵地带，沿途上见人烟稠密，而耕作之技术，亦较为进步。山间泉水，皆经引来灌溉田亩。

星期日，自此城发足，国王遣来之向导送至此地即返，再向前行，即入他国境内。我们率领仆役及雇来向导续进，午后，过帕里玛(Polima)堡前，未停。堡隶属特拉布松国王，堡建于山坡上，有石级可供攀登，堡后山岩上，尚有房屋建筑，依稀可见。本日所经道上，曾穿行森林及良好之大道，其中有一段较为难行，以下坡之路面毁坏，遮断大道，其余部分尚好。晚间，露宿于野。星期二，连越崇山峻岭，山上已降雪，再涉过几道溪水，傍晚抵泽岗(Zigon)堡。此堡建于一座山头上，有桥通至对面山岩间，由岩上过桥，方能抵堡前大门。此地现由国王加巴斯加(Kabasika)部下防守。加巴斯加系希腊贵族出身。

次早 9 时左右，行抵一座堡前，去路阻遮，堡名加瓦加(Kavaka)，一道河流紧迫堡边，河之彼岸，荒山连亘，寻不出行人的路径；以此，大道为介乎堡与河之间，位于极狭隘之地带，仅仅通过军骑，不能并辔。堡中守卒为数不多，却足阻胁行人而有余，大有“一夫当关，万人难度”之慨。及行至堡前，加瓦加堡内守卒走出，拦路索税；并谓所携物品定当完纳关税，方得通过，我们当将税付过。因为加巴斯加之辖境内居民，向称刁悍多盗，同时加巴斯加本人，也是这类人物，行过此地之旅客，总以大队同行为妙，否则，安全上毫无保障。此外尚须备下应缴纳之重税，及馈送加巴斯加之礼品。

过加瓦加堡十余里，高岩上又是一座堡垒。这里的道路，也极狭隘。再往前，又有一座坚固的堡垒，名奥雷拉(Orila)，此堡似为新建者，大道距堡稍远。

此区域内居民之统治者加巴斯加现住在此堡内。我们听到此讯，即遣译人前往请示会晤之处。加巴斯加早已由部下报信，详知我们的来历。及译人入堡不久，即见有骑者来传话，令我们暂在加巴斯加之驿站停下。于是我们先下马，将所携物品皆寄放在路旁之教堂内。据骑者讲，凡在此处过往行人，必须向加巴斯加纳税，此外尚须馈赠其本人以相当礼物。又谓：加巴斯加为防御土耳其人，现将人马屯集于此山左近，其军需支用，皆赖抽收商旅之税捐，以及自敌人方面得来之掳获。我们当告以：“路经此间，拟入堡拜谒加巴斯加致敬，因行旅之上，理应如此，并无他意，请其转达。”骑者见我们随从甚盛，所以不肯应允，仅谓明日加巴斯加拟出堡来会。

5 月 2 日午间，加巴斯加自堡内向我们的驻所而来，随从骑者，约有 30 名左右，皆携有弓矢。加巴斯加乘骏马持弓矢，至驻所前不远之处，下马落座，唤我们过去。

此间各山各堡之统治者加巴斯加，见面即道起生活之艰苦来。据他讲："境内山荒地瘠，居民生活虽可维持，但不时为土耳其人所扰劫。他本人及部属素来即乏其他丰富来源，只能自行旅过客身上抽税，或掠夺敌境内居民以度日。因此，要求我们加以济助，无论钱财或货物，皆所欢迎。"当时我们答："本人及随从人员系一使团，并非商队。此行奉西班牙国王之命，觐见帖木儿汗，所携物品，概属国王馈赠帖木儿汗之礼物贡品，亦无商货。"此际帖木儿专使随行在侧，亦向其解释，谓："特拉布松国王尚且向帖木儿称臣纳贡，因之对于过往此间之使节，不应加以留难。"加巴斯加及其从属，虽对此项解释认为合理；然而他讲："为生活所迫，已难顾及其他，于万不得已时，抢劫到帖木儿境内，亦未可知。"最后，我们见以速离为妙，所以解开行囊，取出红色衣料匹头一段，银盏一只送给他。帖木儿专使也拣选佛劳伦斯产的花色匹头一段作赠品。但是加巴斯加及其扈从，对之仍不满意，希望再增。我们又用温言对付半日，依然无效。一定要我们缴出极珍贵之物，非此不可。

事情既然到此种地步，于是我们自随行之商人手中，购买些货品，送给加巴斯加，他还装作不乐意的姿态收纳，算作满意。加巴斯加答应护送我们到帖木儿汗国的爱洛遵占之边境上。所需坐骑，以及驮运物品之马匹，亦承其允为代备。及我们准备出发之际，他又变弄种种花样，使我们停住，不能成行。最后还是由我们自己从新雇到坐骑驮脚以及向导，方得动身。

星期五，重新启程之际，我们的随从雇到12名镖客，护送我们前进。午后，又遇到一座加巴斯加治下的堡垒，里面跑出一些骑者，直奔至面前，拦路要钱要货，空饶舌半天，依然是付过钱，方得过去。午后，行抵一座村落，据说，该村的一座堡垒为昔班族(Çaban)之土耳其人所据。因为加巴斯加正与此族人交恶，所以加巴斯加人令我们于距堡稍远之处暂停，先往探视动静。不大一刻，即归来报告无事，我们毫无阻挠地走过。午间，行抵爱洛遵占边境上之阿兰咱(Alanza)村。至此为止，加巴斯加的来人将装载卸下，领回马匹，向我们告别。旅程中最后数日，所经之路上受尽跋涉之苦；或登山下坡，或经深谷，历遭险阻。抵阿兰咱村时，会到一位土耳其贵族，他任此间官长，奉爱洛遵占省长之命，治理其地；他对远来外宾，极为恭维。备宿处，供给种种用品，饮食之属，更毋庸说。从他口中，我们听到帖木儿已自卡拉巴启程东去。帖木儿冬季在卡拉巴度过，嗣后动身向伊朗之苏丹尼叶而去。

5月3日之次晨，又自阿兰咱村续往前进。抵一土耳其人村落，村人举行盛大欢迎；除替我们备下马匹外，又馈赠路上用之物及饮料。黄昏之际，又经过一座村庄，在该处换过马匹。

一路行来，所有各项需用，皆由当地供给，不取任何代价；因帖木儿汗辖境内风俗如是。以此，所过各处，无分昼夜，皆有人备置饮食，送来地毯，铺放地上，以充我们下马休息之用。随后摆开饭桌，捧上饮食；在乡村我们常常吃到乡间面包，而肉食亦极丰富。其他如油煎之鸡蛋，瓦罐盛来之牛奶，牛油，蜂蜜之类。是为各地所备之一般的饭食。而招待上，极为殷勤而诚恳。夜间遇到村落时，其饮食尤为丰富。我们所经各村庄，皆由村长出迎，同行之帖木儿专使，到处令当地人士备饭，或换马，莫不咄嗟立办。倘有违命反抗者，皆遭鞭打脚踢。因此，各地人民见有察合台人之帖木儿使者走来，莫不逃避，帖木儿本人及家族，即属察合台人②。

同日我们自村中动身，继续前进；所经各处，遇有信基督教之亚美尼亚人。5月4日午间，行抵爱洛遵占。

连日所经之地，或为高山峻岭，或为灌木丛林，道路极为恶劣。爱洛遵占一带，降雪甚厚。行抵城前之际，地方人士，多来欢迎，陪送至寓所。晚间，省长遣人送来各样食物、果品、酒、面包等。星期一早晨，省长通知我们，官方将供给我们一切费用，此款于驻在此城期间，逐日送来。

驻在爱洛遵占期内，此款皆经送到；我们亦即以此项收入开销一切。星期一午后，省长遣人以坐骑引我们赴宴。随从人员，亦一律同行。席设于城外牧场上，抵该处时，见省长坐一矮凳，上铺有丝垫，左右陪坐者多人，及见我们来到，贵族多人向前迎接，引至省长位前；省长亦起立迎接，让我们在其侧落座，致寒暄词。省长身着青缎大袍，领上绣有金锦，头戴高筒尖帽，帽前缀有宝石，上插鸟羽一枝，服饰之样式，为帖木儿所创制，并经规定为礼服。

省长之相貌，堂皇漂亮，年纪在40岁左右，面色微黄，一撮黑胡须。他先祝西班牙国王健康，其次亲手在银盏上斟满了酒，依次向我们劝饮，再次将银盏转向部属赐饮。受到赐酒之人，先从坐处起立，向前屈一膝，用双手接盏；倘以只手来接，即认为不恭敬。惟有平辈友朋之间，方能以单手接杯饮酒。以双手接到盏之人，再起立，向后退一两步，重新屈膝而饮；但万不可转面，以背领向赐酒之人。饮毕，起立，右足放开，下跪3次，以致谢意，并将盏捧还，饮酒时，以一口气咽下为度。

省长向左右遍赐过酒后，侍役牵来几匹驮满箱笼之骡马，箱笼中装满碟盘，以及锅勺之类。卸下箱笼，摆起宴席；肉食之属，皆盛于食盒之各层内，其数量可分盛百余碗；其碗之形式，类似骑兵所戴之头盔，既深且巨。食盒之内，除装有肉食之外，尚有肉饭，至于肉食之做法亦有多种。省长与我们对面坐席，有丝制桌巾，铺于席面。各人就职位高低，分别入座，每人面前，备有切肉用之小刀及取汤之木匙一把。省长身旁，有侍役一人，专为其切肉。省长席上，尚有贵族两位同席，是由省长特邀来者。侍役将饭端上时，曾见省长席上三人，轮流用一把木匙饮汤，三人自一盘中取食，所用之木匙，侍役亦曾以之饮汤。

正在用饭之际，有一位土耳其少年，亦来入席。这位少年也不过 7 岁上下，随从十余人，皆携有坐骑。省长见其莅临，立刻起立迎接，让之坐于席边。少年为西诺坡统治者伊斯芬底亚洛之外甥。关于伊斯芬底亚洛，上文已经述过。帖木儿将伊斯芬底亚洛所有产业之半数，分与其外甥——这位少年——他自帖木儿汗帐归来，同时尚有爱洛遵占城二人，亦自汗帐来此。二人昔曾为帖木儿所囚禁，最近方被释还，被囚禁之经过如下：

昔日爱洛遵占为国王塔哈坦(Tahatans)所辖管，所有本城及附近土地，皆由其统治。塔哈坦去世之际，并无子嗣。王后为特拉布松王之女，乃认一义子以继位。所谓义子者，即今日坐上之主人翁，现任爱洛遵占省长者。此公自被认为义子，即登王位，意于和平中统治爱洛遵占全境。不料竟引起波澜，有塔哈坦之外甥，名沙阿里(Şah Ali)者，举兵反抗，进据境内，谓先王并无后嗣，理应由其继位。前所提及为帖木儿所囚禁之二人，即沙阿里之同党。帖木儿战胜白牙即的之后，返回东方时，曾在爱洛遵占城稍作停息。将沙阿里及同党二人捕获，加以禁押。而令塔哈坦之义子，正式袭父位，无异乎亲生之子。最近帖木儿将沙阿里之同党二人释放，不过沙阿里本人，仍系狱中，闻已解往撒马尔罕。

帖木儿良格与白牙即的间之纠纷，以至引起战争，其主要原因还在塔哈坦生前在位时之向背所致。其原委，殊有纪述之必要，容俟下面再提。

省长之宴既罢，当向其致谢辞别，返归寓所。省长与部属仍留在原处。

晚间，省长又遣人送来各样饮食，遣来仆人，供我们役使。次日（星期二）虽无宴请，却赠送花费，以备开销。星期三省长于用饭之前，来邀请赴宴。席设于有喷水池之花园内，同席有陪客多人。乐师在旁奏乐。此处布置，颇为富丽，适合于饮宴之用。省长走进之后，与我们施礼，引我们坐于其近处，并谓拟同席畅饮一番。使团一行中，以我素不能饮，但是当时并未容我置身局外，侍役送上一壶带有甘味之蜜酒，供我代酒之用，此时随从人员，皆放量豪饮起来。

酒过三巡，肉食、米饭、汤等皆摆满桌上。我们仍然按照前面所述之规矩用饭。及肉食即罢，又端上葡萄、梨子之类水果及蜂蜜，即在饮食之间，酒仍不间断，所用之酒盏，极其巨大。第一盏由省长先饮，饮毕递与在侧之人，接盏之人，饮酒时，亦以一气咽下为度。倘不如此，在席上则显失礼。陪客之中，有一人任酒使，专向宾客劝酒。省长每次饮酒，须数口方能咽下一杯。其本人姓名为庇塔利白特（Pitalibet）。此宴延至晚间方散，及率两位随员返归寓所时，已是夜色四沉之际。

---

① 原注：著者谓斋期有6，实际上所列只有5期。

② 钧注:“帖木儿之先世是否为察合台之后裔,殊为疑问。相传其先世与成吉思汗同族,有哈剌察儿·那颜(Karatchar Noyan)者,据说是成吉思汗之从兄弟,也就是帖木儿之祖先,帖木儿之子沙哈鲁曾经广事考证,以证明此世系之真……”

又中国史书上称帖木儿为元驸马,因帖木儿自发迹以来,曾用种种名号,首先自称古烈干(Kourekan),其意犹言“君主之戚属”或“君主之女婿”。本阿剌卜沙以为这个名称,可以证明帖木儿出身寒微云。见帖木儿帝国 12 页。

第七章　自爱洛遵占至胡叶

爱洛遵占城建在傍河的一片平川上，此河就是所谓发源于天堂的幼发拉底河（Ferat），环绕平川的四围，山岭高峙，峰顶白雪皑皑，而平地上丝毫雪痕皆无。只见园林丛集的村落，麦田及葡萄园的绿野，在平原上作点缀。我们随处可见美丽的花园，肥沃的田亩。城池的面积，并不甚大，四周由附有碉楼的城墙围绕。城上有若干处悬有十字架。居民紧贴城墙，建有楼房，接有通路，可至城墙上。城内人口稠密，街道及广场繁多，而政权多操于富绅手中。城内殷实商号亦伙，居民以希腊人及亚美尼亚人占大部分。

爱洛遵占城在帖木儿与白牙即的之间的战争中，占有重要的地位，我们在这里，应加详细叙述。帖木儿侵入小亚细亚的第一步，是将土耳其人的城市西瓦斯[①]（Sivas）占据，而加以破坏。其城本为苏丹白牙即的军事重镇之一，帖木儿既将城破坏而去，苏丹白牙即的为报复起见，乃侵入爱洛遵占境内，从亚美尼亚人的统治者塔哈坦（Tahatan）手中将爱洛遵占城夺去。直到日后，帖木儿于安哥拉战役中将白牙即的军消灭后，方将此城收复，派军驻守，取消该城的半独立形式，归并汗国版图内。现在再把帖木儿侵入小亚细亚的导火线——爱洛遵占城所发生的事件，追述一番。以先，此城的伊斯兰教徒与基督教徒曾发生过纠纷，伊斯兰教徒方面谓：国王塔哈坦有偏袒基督教徒之处。因之，教堂的建筑远较清真寺为宏大。此事直诉到帖木儿处。帖木儿接到回教徒的诉状，便将塔哈坦唤去，追问此事。据塔哈坦的答复，厚遇基督教徒之事诚有之，不过，基督教徒多为巨商富贾，对国王多有补益云云。帖木儿闻言，乃令基督教徒推一位有声望之教士，来撒马尔罕。教士遵命前往，彼时帖木儿心中正嫉恨伊思坦堡之希腊人及热那亚人；见教士已到，强迫其改信伊斯兰教。教士当加以拒绝。因此，帖木儿于大怒之下，令将爱洛遵占城的基督教徒一律屠杀。国王塔哈坦闻讯，代向帖木儿求赦，改令该城基督教徒醵献黄金 9 千，白银 9 千作赠金。帖木儿虽然允许赦免性命，但是仍然将全城的教堂拆毁，并将城角处之堡垒占据。这座堡垒名凯玛赫（Kemah），帖木儿将此堡赐与察合台族宗王某人作为领地。这座堡垒建筑坚固，地势扼要，掌握此处则全城及四周皆在控制之下，且有许多由叙利亚往土耳其去的商队，势须经过此堡垒前，帖木儿据之，亦有控制商队的作用。写至此，我们可以叙到帖木儿与白牙即的冲突的来源了。

爱洛遵占的统治者原为塔哈坦。其领土与土耳其境接壤，苏丹向来视此地为禁脔，屡次谋据凯玛赫堡为已有；因此有一次，曾责令塔哈坦纳贡割地。塔哈坦于答复中谓："称臣纳贡皆可，但此堡断不能与土耳其人。"苏丹于是向其提出警告谓："早日将此堡献出，算你侥幸，否则不特堡垒难保，就是爱洛遵占全境，亦将失去。"塔哈坦当将上述交涉经过，报告与帖木儿。彼时帖木儿正在伊朗战场上，方将伊朗全境扫平。塔哈坦所派遣之使者多人，携带珍贵贡品多件，愿作臣属，吁请帖木儿发兵相助。帖木儿据此乃遣人往告苏丹白牙即的谓："塔哈坦已投附帖木儿汗国，其领土已列入汗国保护，因此任何方面对塔哈坦之要求，帖木儿皆不能承认。”

苏丹白牙即的彼时对于帖木儿的实力，并不深知；自以为世界上的君王，未有能出其右者。此次帖木儿的使者，给他送来塔哈坦已归附于帖木儿的消息时，使他大怒。当面辱骂来使，谓：“来使与帖木儿同为世界上愚蠢之徒，帖木儿竟敢大胆来告，不许染指塔哈坦之领土，诚属狂妄已极，自己不但保留对塔哈坦自由行动之权利，世界上任何人敢出面阻挠，不惜以兵戎相见。并且警告帖木儿切莫再作梦想，若不及早醒悟，将来定将其捉获，列入奴役队中，以耻辱之。”云云，帖木儿接到这种难堪的答复，决意起兵教训白牙即的一番。

帖木儿从白牙即的处得到如此的答复，遂自卡拉巴出发西下，兵临爱洛遵占城之际，并未停留，继续侵入土耳其境，将西瓦斯包围，城中守军，当向苏丹白牙即的告急。这时白牙即的接到帖木儿军入境的消息，于是调集各路军队，准备迎敌。前军统将为太子苏来曼·札来比所统率的大军20万先行进发，白牙即的俟会合其他各路将领，率领大军在后方缓缓而来，不过白牙即的迎战的时机已误，帖木儿于白牙即的援兵赶到之前，已攻入西瓦斯城内。

帖木儿之得以攻进西瓦斯城者，完全由于彼之残酷的奸计得逞而成功。帖木儿围攻西瓦斯城正紧之际，守军忽然愿纳款请降。双方经过一番磋商后，即成立谅解。帖木儿要求城内重要人物出城将所纳财物来营献交，誓言：“绝不使降众流一滴血”。

城内之人闻此，乃出城将所献之物及金银等送来大营后，即欲返城，当为帖木儿扣留，令渠等等候后命。同时守城将士、官吏、绅商等亦来营请谒，皆深信帖木儿宣誓在先，定保安全；又见所献财物，帖木儿亦欣然收下，可无问题发生。孰料帖木儿早已命人掘好深坑数处，候城内首长尽数到齐，乃一律加以逮捕。固然以前曾有“绝不使降众流一滴血”之誓言，但活埋之。另外派兵乘势攻城，城破，纵兵抢掠，以济所率部众之贫困。帖木儿确似执行一张节目表上所列之事项，坚决而彻底地，逐项付与施行：先活埋城内降众，次日纵兵抢掠，然后紧闭各城门，焚烧民房。帖木儿作毕各事后，率队伍他去。及其大军离城之日，正苏丹白牙即的之子苏来曼·札来比大军20万的骑兵前哨开到之时。然而西瓦斯已被毁为一片焦土。苏来曼·札来比见帖木儿已去，未能追及，惟有候其父苏丹白牙即的之到临，再作计议。

而帖木儿此时率大军南下，侵扰埃及苏丹之领土，兵入叙利亚境矣。

帖木儿在进军叙利亚之途中，曾遇流徙中之白羊族人[②]（Ak Koyunlu），当加以攻击，俘获其全族；上自爱密耳，下至妇孺，为数不下5万人，皆彼编入军中，驱之往征叙利亚。

大军入叙利亚后，将大马士革包围。帖木儿对大马士革人最为怨恨，因为此城人士，即不称臣纳贡，又曾将帖木儿之使者投入黑狱。因此大马士革城为帖木儿军所破时，不免一番肆掠。而城内之良工巧匠，亦被征调来，在帖木儿部属严密之监视下，押送撒马尔罕而去。此辈工匠，限定永居撒马尔罕，不许他移，尚有沿途所收来之部落，以及西瓦斯之居民俘虏，亦遭遇同样命运，被送往撒马尔罕。内有一向居于西瓦斯乡间之亚美尼亚人。

帖木儿从叙利亚归程中转到伊朗。意欲在亚美尼亚境内之阿拉塔克（Alatak）过夏。此时白牙即的大军正侵爱洛遵占城。白牙即的以此次战事起于塔哈坦，同时西瓦斯城为帖木儿所残毁，心中愤怒异常。所以率大军向爱洛遵占而来，一举而陷之。城破，塔哈坦之妃被掳去，但塔哈坦却被释放。同时白牙即的严令三军，不准损及城内一草一木。事后，白牙即的军转回安那多利亚而去，爱洛遵占之获幸全，以及白牙即的之不报复帖木儿之毁西瓦斯，其事颇引起种种流言，这且不表。

此后，白牙即的及帖木儿各自返归本土。互相之间，也曾有使者往来，但未能妥协。同时伊堡东罗马皇帝及白玉路上之热那亚人，见有机可乘，乃派人与帖木儿相约："倘若帖木儿与白牙即的开战，愿作种种援助，无论是陆上或是海军皆可相助。并且将来一旦开战，热那亚战船，将扼住色雷斯边的海峡，牵制欧洲境内的土耳其军队，使之调不到安那多利亚方面，如此白牙即的将感到重大的威胁。"

此外，希腊人将在军费上与帖木儿以援助的话，亦曾讲过。至此土耳其人已然前有帖木儿之敌，后有东罗马帝国之威胁了。帖木儿与白牙即的虽同为信伊斯兰教的君生，但彼此之间，因不能修好敦睦，终于各自调集大军，兵戎相见。实际上讲来，彼时帖木儿的准备比较充实，他本人由伊朗动身侵入苏丹的领土，经过爱洛遵占进至西瓦斯。

苏丹白牙即的听到帖木儿进军的消息，将一切事务推开，先赶到最强固的安哥拉堡垒。白牙即的在这里储存下许多武器及军用品，他本意从这里往东去迎敌，但是帖木儿探知白牙即的抵安哥拉的消息，便改变原来的路线，转向南部丛山开去。白牙即的率领大军向西瓦斯进发，途中忽然见帖木儿转移路线，率军南去，以为帖木儿畏强逃避，不敢迎敌，遂下令全军追击。孰知帖木儿大军在丛山间流动，行踪飘忽无定，不测其主力之所在；并且竭力避免与白牙即的军接触，最后从南山间窜出，猛扑安哥拉而来；这是白牙即的的大批武器及军用品所在地，而只有少数队伍防守。

据白牙即的之判断，帖木儿定然是畏敌而退；不如乘其未抵安哥拉之前，即在山间将其歼灭。因此将大部分队伍分散在山间围剿，结果毫无所得。及集合疲惫之士卒，准备返归安哥拉之际，不意强大之帖木儿军，已出现于安哥拉堡前。白牙即的军被迫应战，结果竟如上述，全军覆没，白牙即的被生擒。[3]

战事发动以来，伊堡之东罗马皇帝，以及热那亚人，对于帖木儿之诺言，丝毫未曾实践，不特土耳其军队能自由通过色雷斯调至亚洲，即在安哥拉战役结束后，亚洲岸上之土耳其士卒，依然得到通融而归返欧洲去。同时所驶行之船只，亦未受伊堡政府之阻挠。

希腊人所玩弄之手段，使帖木儿深恨在心。他立刻断绝与伊堡及热那亚人之往来，视之一如敌国，并苛待希腊侨民。至于为帖木儿所俘之土耳其苏丹白牙即的，其父即闻名于世之苏丹穆拉特(Murad)。彼于可索瓦(Kosova)一役中，为塞尔维亚国王拉载卢斯(Lazalos)[4]所杀；系遭其敌用剑贯胸背而致毕命。苏丹白牙即的后来与国王拉载斯卢交战中，亲手将其杀死，以报父仇。而拉载卢斯之子与苏丹解和。其人现尚存于世，依然为苏来曼·札来比之座上客。而苏来曼·札来比为白牙即的长子。

至于一般人所称之帖木儿良格(Timurleng)[5]本非其原名，按鞑靼语中“帖木儿”一字并不训为“铁”，而称之为帖木儿良格者，则多少含有侮辱的意思。因为只有帖木儿的敌人才称他为拐子帖木儿。波斯语中“良格”(Lenk)即为跛子,拐子之意。帖木儿的右脚,本来残缺,而右手上也缺小手指两个;由于帖木儿在少年时代,有一次夜间偷窃他人羊只,遭羊主的痛击,伤及小指两个,这些轶事,在后面我们再细讲。

我们居留爱洛遵占许多天,终于5月5日又继续登程;路上所经之地,尽系高山峻岭,山上荒凉已极,路上行时,天又降雪,气候寒冷。次日,我们抵沙巴(Şahboğ)村,村旁建有小堡垒一座,溪水流过其旁。村外麦田遍野,远望尚可见附近村落中的建筑。过此之后,至星期六日,我们停在必哥立赤(Bigariç)镇。此处山上,建有雄壮的堡垒一处,此镇辖有村落两座:其一为土耳其人居住;另一为亚美尼亚人居住。据居民所传,一年前,帖木儿经过此间,曾吩咐部下将所有的教堂一律拆毁。亚美尼亚人为保存教堂的建筑起见,曾醵银三千献与帖木儿,以冀邀免。帖木儿将这献金收下,仍然将教堂拆除。

次日(星期日)我们从这里动身到爱洛遵占境内的兄一座村落。此处亦建有一座壮丽的堡垒。再一日我们露宿于野。过了几座荒山,进入遍处青绿、水道纵横的一片地带。当地居民皆属土库曼(Türkmen)人,他们此时正在移往他处。土库曼人尽系伊斯兰教徒。星期二,我们继续进发,终日在溪水纵横的水田中经过。

午后,我们行抵帖木儿辖境内之爱尔祖伦(Erzurun)城。此城位于平川上,地垣建有碉楼,城内既无堡垒,人口亦不稠密,不过仍然存有昔日亚美尼亚人所立的教堂一所。城内固有亚美尼亚人居住。而昔日城内亚美尼亚人则生活富裕,建筑华美。现任城守是一位土库曼人,名为郁苏福·阿里(Yusuf Ali)。

翌日(5月22日)我们自爱尔祖伦动身行抵帕特哈完(Partir Havan)村,即宿在该处。此村现隶属军事要镇的阿微尼克(Avnik)城。居民皆属亚美尼亚人,邻属各地,由一位名杜拉德别(Doladay Bey)之察合台人所治理,这位贵族下面仍要讲到。星期五我们进抵爱斯乃摩(Esnemo)村,当晚及早期六,我们在这里休息,住了两天。村内居民皆属亚美尼亚人。星期日,再登程前进,抵一处名狂人村(Deli Koy),此名称之得来,由于全村居民,皆系抛弃尘世,静坐修炼,成为回教中修道士,所谓迭里迷失(Derviş)者。⑥邻近各村镇,皆不时来朝拜这座村中的修道士。病人也到这里来求医,居民称达些修道士为长老,其中有一位年高道深者为道长,极为一般修道士所敬重,奉之若长辈。帖木儿经过此村之际,曾赴修道士静室访问,并在道长所居之处休息若干时,附近各方拜谒修道士者,多送来礼物,哈达(Adak)等。村中即以道长之地位为最高,居民皆尊修道士为长辈;修道士既不留须,又不留发,无分冬夏,身披旧毡衣,往来过市。手弹铜弦,口念诵词。现在他们的道院的大门上绘有圆月形徽饰,于其上悬有鹿角或羊角一具。每位修道士之门前,必悬有兽角一具。

5月22日(星期一),我们离了狂人村到阿拉斯(Aras)河边上停息。此河穿境而过,河身宽阔。本日所经之路,或坎坷不平,或为山坡陴道。次日(星期二)我们抵纳底若(Nadjoy)村,休息一夜后,仍沿阿拉斯河岸行;道路极坏,有几段泥泞难行。在村中与一位基督教僧人相遇,承其招待。其地居民多为亚美尼亚人。次日,又抵一村,村人就附近山头上建有堡垒一座。此地盛产岩盐,左近人民皆来此间取盐,以供食用。

我们在下面要讲到苏兹玛利(Sözmari)⑦城,因为据传说,经土番(Tufan)之后,第一座城市便是该城。

我们到达苏兹玛利,是在5月29日(星期四)之午后。该城是一座大城,距亚拉拉特(Ararat)山不过数哩之遥。努海(Nuh)的仙丹,据传即放在这座山上。

苏兹玛利城建在阿拉斯河岸上,四面高山环绕,中为平野。因此,本城的地位极其险要。城门上建有强固的碉楼,碉楼的左右两边各启一门。这座城,确如村民所称:是走过土番城后所见之第一座大城。本城系努海之子孙所建,据当地居民讲:本城现任长官——金汗帐(Altinordu)的后裔脱克迷失汗⑧在18年前围攻此城时,昼夜轰击,连续达12日之久;其后,双方议和,其条件为:脱克迷失及其部下一律不进驻城内;居民方面,允许年年向其纳赋。这些条件脱克迷失已经允可,不过附有条件,令城内守军抽出半数,随其往谷儿只斯坦参加征讨谷儿只人之役。因为彼时脱克迷失正拟与谷儿只国王名乔治(Gorç)者开战。条件议妥之后,城内守军向城外开拔,脱克迷失的队伍,却将城占据,城墙拆毁,城内人民,被杀者甚多。

脱克迷失的军队,除平毁民宅住房外,又拆除城墙,屠杀居民。彼时城内人民多为亚美尼亚人。经此浩劫后,乃迁伊斯兰教徒来填充。

苏兹玛利城极壮丽,而且富有历史性的建筑物到处可见。我们经过亚美尼亚境时,居民为我们准备饮食,更换马匹;因为此处已入帖木儿汗国境内,一切皆在和平而宁静的状态中。

次日(星期日)我们再从苏兹玛利城动身进发,途中见迎面山岩上有一座堡垒，这座堡垒现由一位妇人防守，妇人是位寡妇，每年向帖木儿缴纳赋税。昔日此堡为盗匪所盘踞，打劫往来客商，帖木儿大军过此时，将堡攻破，盗魁处死，堡垒交付盗魁之妻管辖。为避免再被盗匪盘踞起见，将堡垒的四门拆除，并永禁在此堡上设门。我们路经此地时，见堡四面敞开，果然无门，此地名为额德洛（Iğder），这座位于亚拉拉特山顶的堡垒，正是当年努海所造仙丹停放在土番境时的遗址。不过这一带山脉，一如自特拉布松以来所见的山岭一般，荒野无人，片草不生。额德洛堡的寡妇堡主，招待我们尚为殷勤。是晚即停宿堡内，一切需用皆承其供给。

次日（星期六）为 5 月 31 日。从额德洛堡动身，又向停放过努海船的山顶进发。这座山极为高峻，积雪封住山顶，山坡上亦有雪迹；石骨嶙峋，不见寸草，更无林木，不过到处有山泉倾泻，流入河溪。山回路转，我们已越到山后；路上仍见到几处旧日的建筑，尚遗有巨柱，横卧道旁。山谷间有野蚕生长，挂成许多红丝茧，山上有一座废城，为已经废毁若干世纪者。其地距行人大道，不过数里之遥。我们路过此间时，行人向我们解释，这里就是当年努海的子孙所筑的城。⑨

废城前面的平川上，水道纵横，沿水道两旁树木成林。平川上到处有喷泉涌出，阿拉拉特山有一座峭峻而崇高的山峰，峰顶为白云环绕，烟雾迷濛，平日不易见其峰顶。我们经过此处时，曾到山前欣赏峰间倾下的泉水，形似匹练，蔚为壮观。这时恰逢云消雾散，群峰毕现，使我们得一睹山峰真面目。继而云雾又起，四面为白云所笼罩，只有临近的一座亚拉拉特山的小山峰，尚能分辨出。小山峰笔直峭立，介乎亚拉拉特山之正峰与小山之间；此外另有山头一座，形如焉驮。据土人讲，此即停放努海的仙丹之处，其顶亦有积雪。

同日晚间，我们停宿名白牙子(Bayozet)之堡垒中。堡建在一座高岗上，地势极为险要。堡垒四周各山头皆建有房舍。山冈面积广阔，四周由城墙环卫，城垣上有碉楼，下有石级可通民房，堡垒虽处于极高之岗上，依然有泉水可汲取。此处于6年之前，曾为帖木儿所围攻，不过，当时此山守将纳款请降，双方议和。帖木儿也不曾放兵士入堡，仅将白牙子堡内居民壮丁编入帖木儿队伍，随军出征去了。

6月1日(星期日)午后，我们行抵马可(Mako)堡。此间由名努里丁(Nuriddin)之希腊教徒[10]所统治。所有驻扎的兵卒，皆信基督教，并为亚美尼亚人。平日讲亚美尼亚语，不过亦略晓土耳其语及波斯语。马可堡有圣多明我(Sen Dominik)教派的修道院一座。此处堡垒建于悬崖绝顶上，堡旁修有城池，城墙之内，民房栉比，附于堡垒的民房，亦由墙垣围护，由城中欲进堡内，必须爬行岩石上的各层石磴，堡门口处，立有高大的瞭望台，以观察各方的动静。堡内除由堡主自己居住外，另有城中的绅士富人在堡旁建有别墅多处。堡前尚有巨石作屏障，不特足资防守，且能避免山洪之冲洗，堡垒的形势既如此险要，复经修缮完整，乃成为不可破的坚强要塞，四周无被袭入之虞，同时亦从未陷于敌人之手。堡垒内有清泉可汲，足供全体居民饮水之用。出马可堡不远，即是平川；溪水灌溉其间，果园田野，遍地青绿。

帖木儿大军路经此堡时，亦曾加以围攻，但迄未攻陷；因此与堡主妥协，商定由堡主派骑卒20名来帖木儿帐下服役，永远供帖木儿驱使。双方议和不久，帖木儿重在此间经过，马可堡主之子，年纪不过20岁上下，单身牵引三匹马，走出堡外，迎候帖木儿，准备奉献名驹。

帖木儿行近堡时，这位青年走上前去，代表其父将马匹奉献。帖木儿于是也戒止左右，不许侵入堡内。帖木儿见这位青年勇敢可嘉，而埋没村野之间，殊为可惜，乃将其携之东去，意在遣之为孙儿奥玛·米儿咱（Ömar Mirza）的随从。此时奥玛·米儿咱是伊朗西部的总督。马可堡亦在伊朗管辖境内。帖木儿这样收揽去的青年，目下仍在奥玛·米儿咱左右，已经升为一小部队的头目，经强迫改信伊斯兰教，更名为撒布尔·阿特曼（Sabur Artmen）。这位青年，据说表面信奉伊斯兰教，而内心仍向往希腊教。我们在马可堡时受优渥的款待，马可堡主因为我们一行人皆属基督教徒，相见之下，异常快悦。并且告诉我们道：大约15日前，帖木儿部下高级将领中之只汉沙·米儿咱亲王（Cihanşah Mirza）传来信，谓不久将来马可堡访问，并且声明对马可堡的财产加以保护，不加侵扰。马可堡主对此，已婉词谢绝，声称："恕不招待"。不过，只汉沙既提出如此保证，此时加以挡驾，恐怕不易生效。

当晚我们极其愉快地宿在马可堡，尤其难得的是与奥玛·米儿咱帐下服役的那位青年遇到。他是马可堡主之长子，尚有次子一人，留于堡内，奉侍父侧。据其父谈："次子未曾学习军旅之事，专心于亚美尼亚文字之学，尤精于文艺；希望将来我们由撒马尔罕返国，路经此处时，将其子携往西班牙去，目的在认西班牙国王为义父，一俟将来长大，学成归国，为此方亚美尼亚人之主教"云云。[11]

马可堡内居民虽全体是基督教的信徒，而堡外四周皆为伊斯兰教徒。他们处于异教徒包围之中，几乎得不到同教的任何援助，其信念之坚定，殊可钦佩。他们在种族上是亚美尼亚人，而信仰上为希腊正教，极认真而虔诚地举行教仪。

6 月 2 日（星期一）离别马可堡，至傍晚未遇可下宿之处，于是露宿一夜。次日经过有名的阿兰扎克（Alancak）堡，也是建在一座山顶上，位于阿拉斯河之北，四面有高墙卫护，墙上建有碉楼，堡内果林田园俱全，堡外农田绿野，一望无垠，水源亦盛。

1387 年，帖木儿攻入伊朗之际，波斯国王阿哈麦特・者俩衣[12]（Ahmetcelâyir）战败出亡，全伊朗境皆入于帖木儿之手。国王阿哈麦特・者俩衣逃至阿兰扎克堡隐蔽；帖木儿追至堡前，围攻垂三年之久，最后以国王阿哈麦特・者俩衣逃往埃及，方才解围。国王即定居该处，现仍在世。

次日（星期二）我们从察合台人的营帐旁经过，他们在这里牧放牲畜，建立有百数以上的帐幕。星期三的晚间，我们又停在察合台人的另一处帐幕内。察合台人供给我们一切的饮食及需用，代我们换上马匹，我们在所经的察合台人地带皆受到同样招待。此处境内山地居多，然而土地肥沃，出产甚为富饶。察合台人皆归胡叶（Huy）城统治。

6 月 5 日午间，我们到达胡叶城，城郊各处有田园之属，再往远处，皆系牧场草地。城墙由砖所砌成，地近伊朗边境，城内居民尽系亚美尼亚人。

---

① 钧注：帖木儿上破坏西瓦斯，及活埋守城之人的事迹，帖木儿帝国书

上，亦有相类之记载：

"……1400 年 8 月帖木儿还军小亚细亚，力攻西瓦斯城拔，守兵中之奉伊斯兰教者得免死，惟守兵之奉基督教者 4,000 人皆被活埋，其后马利梯牙亦陷，帖木儿自是进兵西利亚。……"47 页。

② 钧注：14 世纪至 16 世纪中，活动于小亚细亚者，有黑羊朝白羊朝者，皆以其旗帜上用黑羊白羊作标志。白羊朝在位，始于 1378 年，终于 1509 年，君临之地就是小阿美尼亚或白羊州（Akkoyunln Ili）。有异密名伯颜答里（Bayen deri）者，帖木儿以阿美尼亚同美索不达米亚的采地分封给他，以底汗儿别开儿（Diya Brekir）为都城。此朝的君主相传之数不一：一说谓有 13 人，一说谓仅有 9 人，迷儿日光的说：伯颜塔里朝开始的君主是兀孙・哈散（Ouzun Hasan）；其他诸史家则说是据有毛夕里（Mossol）阿迷的（Amid）两地的突厥蛮人秃儿・阿里别（Tour Ali Bey）。他的儿子忽都鲁别（Kourtlu Bey），扩展疆域，据有美索不达米亚的一大部分，后死于 1406 年，年 90 余岁。

忽都鲁别之子哈利・奥斯曼（Kara Osman）曾经臣事西瓦斯（Sivas）王哈的不儿罕丁（Kad Burhanedin），乃杀其王，而夺其地。斡秃蛮部一军来讨，遂逃依帖木儿，随帖木儿进击小亚细亚之斡秃蛮汗白牙即的，帖木儿赏其功，乃将西瓦斯额儿赞章（Erzincan）额歹思（Edesse），马儿丁（Mardin）等地，分给他，后来保有其地 30 年。见帖木儿帝国 23—24 页。

③ 钧注：帖木儿及白牙即的安哥拉一役，大战之详情，格鲁赛氏之亚洲史之记载，足以补克拉维约所记之不足。兹录之于后：

"……这两个亚洲君主，势难两立，白牙即的听信哈刺余速甫之言，对于曾与帖木儿联盟的那些小亚细亚君生施以压迫。他夺取西瓦斯国以后，遂使冲突难免。此次冲突，斡秃蛮人受大创，也是白牙即的太无远见所致；他因为从前的那些胜利，颇自负。作战前三日，他还在打猎，士卒渴死或曝死者，有千人，及抵旧营地，则其地已被敌兵所据，敌兵并且断了他的汲道。

安西儿就是安哥拉（Angora），所谓安西儿或安哥拉的一战，实在此城东北赤不哈巴的（Tchiboukadad）地方。根据当时人的计算，双方战士合计约有一百万人。斡秃蛮军的右翼是小亚细亚的军队，战时离贰了；左翼是塞儿必（Serbes）部的军队，殊死战，曾引起帖木儿的赞叹同怜悯；蒙古军也包括有小亚细亚的军队不少，并分配印度战象 32 头于阵前。

此战甚烈，战时颇久，从1402年6月20日早晨战起，夜半始止，斡秃蛮军战虽勇，可惜天时酷热，缺水饮，又因爱丁地方的士卒看见他们的故主在蒙古军中，便同其他不服白牙即的小亚细亚部众投降蒙古军，所以败了。白牙即的仅存部卒万人，已而余卒尽没，他想逃走，忽马蹶，并且一子牙黑失别(Yahşibey)被擒。其他三子：摩诃末(Mohamed)、速来蛮(Suleman)、爱薛(Isa)得脱走，第五子木思塔发(Monstafa)不知所终。”

④　原注：可索瓦(Kesova)战役发生于1389年，苏丹穆拉特与塞尔维亚人合力共同的将敌人的联军消灭，不过，后来为塞尔维亚人所害。杀害苏丹穆拉特者，并非国王拉载卢斯亲手执行的，系米卢斯可尼罗维赤(Milos Koniloviç)所下手，虽然如此，拉载卢斯究不能脱去主使的责任。

⑤　钧注：伯罗洒书中谓突厥语同蒙古语中帖木儿名称，在斡秃蛮语中写作迭迷儿(Demir)，时常训作“铁”，与希腊语之(Tomonris)颇相类，他曾受过伤，所以又有跛子(leng)的绰号，欧洲人将他的本名，绰号连起，由是变成为Temurleng。见书二一〇页

⑥　钧注：克拉维约所遇之“迭里迷失”，在帖木儿汗国内到处皆有，当1414年，明永乐十六年，陈诚出使哈烈一带时，亦曾见有“迭里迷失”于各地，其文曰：

“……有等弃家业，去生理，蓬头跣足，衣弊衣，披羊皮，手持怪杖，身挂骨节，多为异状，不避寒暑，行乞于途，遇人则口语喃喃，似可怜悯，若甚难立，或聚处人家坟墓，或居岩穴，名为‘修行’，名曰‘迭里迷失’。”西域番国志哈烈条。

又原注谓此地现名疯巴巴(Deli Baba)村。

⑦　原注：库伦窝斯坦(Kurunvastan)境上，最重要城市之一，苏玛利城，向为人所忽略，即克拉维约对之，亦未曾加以详细描述。接该城现名苏犹卢(Süryolu)，其位置在阿拉拉特山及爱洛温之外四十哩处。

⑧　原注：钦察人金汗帐后裔脱克迷失(Togatmushan)殁于1406年，生前曾屡次反抗帖木儿而为帖木儿之竞争者，终以事败而告降服。

⑨　原注：此处大约系热那克三(Janaksan)所遗留者。

⑩　原注：基督教之信徒，而名努里丁，殊令人不解，大约系帖木儿所赐之名，令其皈依伊斯兰教，亦未可知。

⑪　原注：克拉维约返国之际，未经此间，因之其事遂告搁浅，未能实现。

⑫　原注：帖木儿侵入伊朗之际，伊朗境内，尚包括伊剌克、库底斯坦等地，彼时国王系苏丹阿哈麦特伊洛汉(Ahmet Ilhan)。当其抵御不过帖木儿之际，乃逃去埃及苏丹白尔可加(Berkoka)处暂避。及帖木儿去世后，伊洛汉返国复位，帖木儿逝世后，撒马尔罕城发生巨变，于是伊朗宣告光复，并将外来的统治者逐出，帖木儿第一次侵入伊朗的年代是在1384年云。

第八章　自胡叶至苏丹尼叶

行抵胡叶之际，恰逢埃及苏丹纳速伦丁费利赤(Nasireddin Fereç)遣往帖木儿汗廷之使团，亦至该城。埃及使臣携随从骑者20人，赍有献帖木儿之稀珍贡物多种；其中鸵鸟6只，麒麟1头，为我们所未见过之稀罕动物。麒麟之形体，颇类乎马；但颈部比马颈长，前腿及两蹄，较后两只为大。蹄趾分开，前腿长约丈6，颈及身长亦有丈6，但头部奇小，与鹳鸟之头可相比拟。后蹄小，后腿亦短；因之自麒麟之后身，观察其体形，往往误认其为卧于地上，实际上乃正在直立。通身皮毛驼黄色，间有白色花点，惟腹下纯白。两眼长而睛圆，耳与马耳同，惟耳上有角甚小，角上柔毛茸茸。其体高，较普通院墙为高，长颈伸直时，愈显其高大。食料以树叶为主。凡未曾见此类动物者，初见之定显惊异。

自星期四行抵胡叶以来，一住四日，于6月8日(星期日)午间动身，以胡叶城内缺马，为此特往附近驻军中借来马匹，方得成行。

午间动身，晚间宿于郊野。自特拉布松城迤逦向东南方行来，所经道路，多属山岭。一路上，天气渐暖，积雪早已融解。星期一，行抵纳布赫(Nahbuh)① 城；其内建筑华美，人口稠密。此城位于平川之上，四郊田园环绕，有河水灌溉其间。其地距乌米亚(Urmiye)湖甚近，湖水苦咸，方圆约百哩，湖上有小岛三座；其中之一，时隐时现。

当日攒程前进，赶到“在望”村停宿。昔日此村，颇为巨大，现已遭残毁。据传，当年破坏此村的脱克迷失，经帖木儿将其收抚，携往他处。其详下面将再述之。村中居民，多为亚美尼亚人。

次日，停于苏施卡特(Suşkat)村，此地果树成林，多有园圃。四周绿荫蔽野，河水流注各渠，足敷灌溉之用。村中果产，除运销塔布里士(Tebriz)外，兼销售于各地。星期二之夜，又露宿于野。次日，穿行于果园田园之间前进，此段绿野之路程中，使人感到旅行上之乐趣。

6 月 11 日(星期三)午后，行抵塔布里士。[②]此城位于两山之间的一片平川上；两山秃濯，不见草木。塔布里士城无墙垣，左边山脚，直伸入城界。其上泉水，不适于卫生，无人饮用。右面山坡亦距城不远，其上极其凉爽。峰顶终年积雪，融化之水，清洌可饮。城南，山岭连绵，群峰叠峦；自远处而望，恰似一座巨壁。据谓，昔年热那亚商人初来此间，拟建一自卫用之堡垒，曾向国王伊洛汉(Ilhan)纳厚币，购到南山全部地基。国王售出此山之后，心中翻悔；乘热那亚人正在兴工建堡之际，忽加以阻止，谓：“商人建立堡垒违反习俗，商人在此，可以自由贸易；无论购买贩卖，不加阻禁，惟定欲建立堡垒，则国王将令其携堡出境。”热那亚人闻讯大愤；对伊洛汉颇多谤词；结果，皆为伊洛汉所杀。

发源于塔布里士右面山间之河水一道，水向南流，分注于各渠，以灌溉附近各处田园。其引入城内之河水，供居民取用。塔布里士之街道修整，兼辟有广场多处。

城内高楼大厦，以及华美宅院，亦复不少。各城门之原址上，已辟为广场。场上建立商馆(Kervansaray);其中商肆栉比,百货杂陈,商馆外,则为市集,四方商货云集市上;种类繁多,不胜枚举。即如丝织品类,则有丝绸,绫缎之属。棉织品类,又有布帛等。毛织品中,亦有多种。其他如纨,绮,纱,绢,以及珍珠,宝石,贵重金属之器皿,无一不备。集上交易,极为繁盛。另有专售妇女用之首饰及化妆品商贩。据集上之一角;妇女来此购买者,络绎不绝。此地妇女,头披白巾,面覆马鬣薄幕;因此妇女行于路上时,不辨其为谁。

城中楼房建筑,极为壮丽,尤以清真寺为最,庄严宏大,寺顶多覆以金碧色琉璃,益增堂皇之气象。寺内明灯,昼夜不熄,灯盏之形式,与土耳其境内者相似。

塔布里士城内之高楼伟构,皆系旧日所建。当年城中富绅名士,争名斗富,所建宅院,务求华美辉煌,以与其邻居斗富。有些富有者甚至因此而致倾家荡产。我们停在该城之际,曾往最著称之某宅参观,见其建筑,果然处处皆系匠心经营。尚有故宫一所,亦曾加以游览,其内部之完美都丽,与夫外围宫墙之高巍,且不细讲,专就房间之数目而言,大小竟不下两万间。

此宫,即系前面曾经提过之苏丹者俩依所建,国王阿哈麦特·者俩依在位之初年,曾将埃及纳来贡赋,皆用于建筑此宫,并名之为"国宫"(Devlethane)。此宫之大部,尚得保存原来面目。至于其他类似此宫之宏大建筑,皆为帖木儿在世之长子米兰沙(Miran Şag)下命拆毁,其事详述于后。

塔布里士城,称之为富庶而美丽之名都,名实相符,足以当之而无愧。因其地商业日趋发达,人口逐渐增多,即以目前而论,全城人口，已不下20万户之多，实数或许过之。城内之市场上，有售熟食者多家，顾客就食其间，极为方便而安适。食品种类繁多；饭后，大量食用水果。

城内某广场附近之街道上，有枯树一株；居民就其枝干，构成住房一间。关于此树，曾有许多传说；据谓，他日此枯树重新发芽生叶之际，将见一位基督教之大主教来临，手持十字架，随从教徒多人，彼时塔布里士阖城人士，皆将受基督教之感召，改信基督教。

不久之前，有伊斯兰教迭里迷失某人，闻此传说，心中不以为然。召集市民，发起砍伐此树；结果树未损及丝毫，而伐树者，有三人膊臂折断。

据传，此伊斯兰教迭里迷失新故不久，生前曾听到其他神话预言，亦不肯凭信；而结果，此类神话，皆著灵验。

帖木儿路出本城之际，亦曾唤至此迭里迷失，重新将此枯树之灵异，证验一番。时至今日，再无人敢砍伐此树。

城内广场上，有喷泉及水池多处；每逢夏季，喷泉中有冰出现，冷冽异常。居民各取壶水，放置喷泉上，取出时已变为冰冷。

此间省长为帖木儿之亲属，以义为“总督”之达鲁花赤（Darugh-ah）为姓名。此人性情温和，彬彬有礼，待我们极为恭敬而诚恳。

塔布里士有壮丽之清真寺及浴池多处。

在此停留9天之后，又动身进发，临行之日，省长遣人送来坐骑。此皆帖木儿所有之马匹。至于驮运物品之牲畜，亦由省长预备。帖木儿于其汗国内，所施行之驿站制度，颇值得一述。例如，自塔布里士至撒马尔罕途中，设立若干站台；每处备马多匹，因此帖木儿之使者邮卒，昼夜奔驰，所至有马可换，无须中途停息。各驿站间之距离，皆按一日程，或半日程而建。大站之内，常备马百余匹。因此，自撒马尔罕通达各地，迅速而准确。例如，自塔布里士至开罗之驿路，则为10日程。

6月28日，为星期五，午后3时，自塔布里士动身，傍晚行抵撒答巴德(Sádabad)堡。星期六在爱乌章(Evcan)村，用过午饭后继续前行，夜间露宿。至星期日午后，过西岗(Seygan)抵通古(Tonglar)村，用晚饭。此地居民，纯系土库曼人。此时所经之地，多为平川。所有山岭、丘陵，已远落于吾人之后。天气已告炎热，路上逢村遇站，必须停息。乡民见远客经过，竞致饮食。我们沿途上之得以无缺，皆仰乡民供给之助。倘有需用劳役之事，乡民亦可供驱使。每逢行近村镇之时，乡民必来邀请进村休息；及至村内，则见树荫下，已铺好地毯，供我们下马稍息。落座之后，村人各自其家中，捧来食品；先端上酸奶及面包，其次为汤菜。若遇夜间，则除供给上述食品外，另作烤肉送来。

自通古村起始，我们拟改在夜间赶路。时届6月，天气正热，白昼烈日炎炎，无法行路；加以途中遇有一种毒蝇(Haşarat)，极其猖獗；不但吮人，而且苦害马匹。我们离通古村不久，即为此种毒蝇所袭击，坐骑亦为其所扰，不能行进。其为害之烈，较之烈日及暑热，尤过之。是日，因此种击扰，路未走成。全体人员，疲惫不堪。

星期一，行抵哈亚那(Hayana)。昼间休息，夜里乘骑行进颇为爽适。所乘之马匹，皆系帖木儿御马厩中坐骑。

次日，为星期二，停在一座圣约翰教派之教会内，曾赴当地之商馆市场一游。午后仍未动身。正在教会内闲谈之际，帖木儿之在世诸子中年最长者米兰沙(Miran Şah)遣来一人,走进传米兰沙之命,曰:“其本人,现在大营,召我们速往谒见。”当时即自官马厩中,换妥马匹,不俟天黑,即依命就道。整夜不停蹄,疾驰前进。天明时分,路上又遇一位来使,谓:“米兰沙已启程返苏丹尼叶,令使团一行人等,前往该城进谒。”我们只得赶程前往,午间换过马匹,午后续行,夜抵赞章(Zencan)③城。此地建筑,大部残毁;昔日赞章为伊朗境内最繁盛之城市,位于两山间之平川上。时至今日,四郊已荒芜不堪,城墙倒毁,城内清真寺驿站等建筑只剩壮丽之遗址。街道上亦留有完整之痕迹。水道沟渠,尚可寻按。据地方人士所传,此城为历史上著名之大流士(Dârâ)诞生地,曾一度为波斯帝国之都会;国王沙哈沙(Sahin Şah)素乐居此地。波斯大帝大流士三世曾据此城,以抗亚历山大大帝。我们夜间,即宿于是城。次晨换坐骑续进。赞章城内居民,招待我们极为热诚,并且送来当地所产之果品,其味芬芳。

6 月 19 日(星期四)午间,壮丽之苏丹尼叶④城,呈现眼前。帖木儿之长子米兰沙即在该城,候见我们。

按此邦之习俗,凡属进谒皇太子之人,例应献物。使团于是择公认为名贵之毛呢材料,作为谒见礼物。米兰沙居于大花园内的宫中。侍卫,差役,为数甚多。是日,米兰沙留于宫内之大帐中,即于该处延见。太子首先以极有礼貌之辞令,祝西班牙国王健康。随后稍作寒暄,左右即列宴留我们共食,并特许用本国习惯用餐。宴罢,道谢告辞。有宫中侍役,捧过太子所赐之金锦袍数袭;使团一行人员,皆着所赐衣袍返回寓所。

苏丹尼叶城无墙垣,郊外四周平旷。城之中心,建有坚固之堡垒一座。堡基系由巨石所筑成，其上起建碉楼。壁镶琉璃，中置大炮多尊。城内人口稠密，惟不及塔布里士之多。苏丹尼叶为商业中心；尤以每年夏季之6月至8月间，大批骆驼队，皆汇集于此。城内市况，亦顿形热闹。当地政府，对驼队所载货物，抽税甚重。尚有自印度来之大批商队，运来各种香料；有若干香料，为叙利亚市场上所难购到者，此间能得之。盖此类香料，向不运往伊思坎得伦市场销售。

里海南岸之塞兰(Ceylân)省所出产之丝，亦先运至本城，再经商贩，运往大马士革、叙利亚境、及其他各大城市，如土耳其，迦法等处。至于沙尔温[5](Şirvan)之沙玛黑德(Şamahide)所产之丝，亦运来此城。沙玛黑德之丝，产量甚巨；除伊朗商人为之销售外，即热那亚、威尼斯商人，亦赴该处采购。凡产丝之区，皆属气候炎热之地。往该处贩丝之外国商人，往往为烈日所炙，因而致死者有之。据云，为烈日所炙而中暑之人，轻则呕吐，重则丧生。即使不死，两肩膀上之皮肤，皆晒为焦黄，永难恢复本色。

失剌思[6](Şiraz)及其附近所产之各种布、帛、丝、绸、绦带、纨绮等货，皆送来苏丹尼叶城推销。呼罗珊(Harasan)境内之叶森(Yesen)及塞洛拜(Serb)城一带，所产布匹，亦在市场上出售。呼罗珊境，为介乎鞑靼斯坦及印度之间的一片大陆，由此赴撒马尔罕之途中，须经过呼罗珊境内，其南部之失剌思一带土地，昔日隶属于印度之忽鲁谟思(Hürmüz)。[7]现此座名城，亦入于帖木儿版图。自忽鲁谟斯运来苏丹尼叶之商货，为珍珠、宝石等。珠宝商，又自海路采购大蚌珍珠之类。大蚌之躯壳甚大，所剖出之珍珠，颜色纯白，经送来苏丹尼叶及塔布里士城，由工匠将其镶成戒指、耳坠等装饰品。

每年夏季，来自基督教国家之特拉布松、迦法，以及来自伊斯兰教国家，如土耳其、叙利亚、巴格达之商人，云集此间，作大宗交易。

苏丹尼叶城，位于平原之上，有渠道穿城而过。街市及商场上，货物充斥。各商号设行栈，以接顾客；立仓库，以堆存货。城东为一片平川，地势广袤，为市民住宅区。城南系荒山数座，气候较热。山后即塞兰省境。由此直达里海。里海与其他大海隔绝，不能相通。故称之为大湖较为妥当。自苏丹尼叶至里海，计 6 日程。里海附近，亦产宝石。塞兰境内，气候极热，从来未见降雪。因此，盛产柠檬、橘子之属。苏丹尼叶城之商业繁盛，交易之数额颇为巨大。官府之税收，泰半仰赖于此。

昔日，苏丹尼叶、培布里士，以及亚细亚西部一带，帖木儿曾命其子米兰沙镇守。近来以事被黜罢其职。据闻米兰沙初奉命镇守伊朗西部之际，部下领有一军人马；又经帖木儿拨来宗王、贵族多人，来此襄助。及其抵塔布里士城不久，神经突然失常；见有房屋，即令拆毁。后来竟将所有清真寺，以及公署，皆命夷平。因此若干名贵建筑物，皆遭破坏。及移驻苏丹尼叶，又令拆除房舍；此城内建筑物，亦多遭其残破。米兰沙曾进苏丹尼叶堡内，将帖木儿所贮藏之财富取出，分散与侍役和宫宦。此城内原有宏丽之清真寺及王宫各一座，为前代某王所建，米兰沙并此亦加摧毁；建立此寺宫之某王，其陵墓亦遭发掘，尸身掷之于野。[8]

有谓米兰沙之疯狂举动，系一种因伤脑而致发狂之病态行为。但亦谓米兰沙曾于拆除各项建筑物时，有如下之谈话："我即生为世界最伟大帝王之子，保存名城胜迹，不足以增我声誉，莫若夷平之，使此壮举，留我声名于后世。”他既将若干城市之建筑拆毁，又令重新建筑。但新建者，远不及原物之宏丽。于是米兰沙又为留名千古，而重将新建者，再加摧毁，并且推测后人定然如此论他：“米兰沙于生前虽未遗下良好之建筑，然而世界上最美丽之楼房建筑，居然毁于其手。”

最后，其事为帖木儿所闻悉。立从撒马尔罕动身，星夜赶来其子之镇守处。米兰沙接到帖木儿亲身查办之消息，已知事情不妙，乃自缚出迎，乞宥一死。帖木儿在震怒之下，本有将其子处死之意，后经宗王、贵族哀求，帖木儿方免一死。惟罢其镇守之职，削除其左右幸侍之人，并将王孙阿卜白克·米儿咱(Eh Bekir Mirza)唤至，谓之曰：

“尔父溺职，尔往代之。”

米兰沙之长子阿卜白克·米儿咱闻命，即表示绝不夺其父之位而代之，并代向祖父恳宥父罪，又为其父求镇他处。帖木儿见王孙不克胜任之神情，乃唤米兰沙妃之子苏丹·哈里勒(Sultan Halil)至，令其继任父职。哈里勒毫无推让，慨然接受。因其平日，即与弟兄争胜；同时为其父之反对者。倘得机会，即将其父弑害，亦所敢为，何况此次受任执掌大权，岂肯放过机会。故欣然受命。事既议定，帖木儿即往征讨埃及，阿勒坡(Halep)，以及巴格达等地。及收服各处之后，乃命王孙，即米兰沙之长子阿卜白克·米儿咱镇守。米兰沙此后遂往依其长子，驻于伊拉克。阿卜白克既守新收各地，对其父极为孝敬，侍奉恭谨。

当米兰沙疯狂发作之际，其妃汉则黛(Hanzade)暗中自其身旁逃出，昼夜奔驰，往帖木儿处，告诉其事，将米兰沙种种行为，全盘托出，甚至将有背叛其父，阴谋篡位之意亦曾道及。帖木儿对王妃之报告，极为重视，当以善言加慰，留之住于撒马尔罕。王妃自此以后，迄未再返其夫旁。苏丹·哈里勒即此妃之子，现镇守亚洲西部。

米兰沙现年四十岁左右，身体魁梧而肥胖，饭量素称宏大。

① 原注：西班牙文上书之为“镇”，并未称之为“城”，其地或为今日之塔祖赤（Tazaç，Tasaç）之地。

② 钧注：“塔布里士于 13 世纪马可波罗过此时，为波斯诸蒙古汗之驻所；至 1532 年为土耳其人所残破；此城名或译为帖必力思（Tebris），原为波斯阿哲儿拜展（Azerbejin）之都会。791 年，哈里发诃仑（Harun-al-Kaşid）之妻，首建此角。旭烈兀残破报达以后，帖必力思遂为小亚细亚商业及政治之中心。昔日印度之出产，直接运往地中海者，至是遂绕道黑海。阿美尼亚国亡，欧洲人赴帖必力思之道途遂断。”见马可波罗行纪 77 页。

③ 钧注：赞章之地，元史译文证补上曾作考证。原文如下：

“赞章，俄图称此城音如散簪，与元史为近。他国或称生占，在可斯费音西北，与图形符。惟孙丹尼牙在南，相距不过百里，图乃东西分别，相距颇远，与今图异。”见书 387 页。

④ 钧注：苏丹尼叶在元史译文证补上，则书为孙丹尼牙。其文曰：

“孙丹尼牙，询之波斯人，谓当作苏而滩尼牙。案‘苏而滩’系彼‘上帝’称。‘尼牙’犹言‘都会’，在可斯费西北二百里，即志内可疾云。蒙古王所建城，见台古塔尔传。在彼时，为王畿，今波斯犹有此城，则仅一城名而已。”见书 378 页。

⑤ 钧注：多桑蒙古史卷一上有：

“蒙古军以谷儿只险隘遍国内，不敢深入，遂饱载掳获。进掠设里汪（Schiruan），破其都城沙马乞（Schamakhi）肆掠之。……”见书 139 页。

此处之设里汪，即沙尔温，元史曷思麦里传作沙儿湾，皆同名异译。其都会沙马乞，即本文之沙玛黑德。其地在里海西，高加索山以南，而元史译文证补卷二十六有设里汪条。文曰：

“图在兀乞八剌之东。案体格力斯河，东有支河，曰呼耳汪，滨河有城，亦曰呼耳汪，元史地名，凡有‘里’字多为‘耳’字音之变，惟‘呼’‘设’二音不合，而图形甚合。或者西图，字音变其土语耶？”382 页。

此呼耳汪与设里汪之名即异，而一在伊拉克境内，一在高加索境内，位置上亦不合，不能混为一款。

⑥ 钧注：失刺思与马可波罗行纪中列为波斯境上之第六国。其注云。

“泄刺失，即今之失刺思(Ciraz)此州可当今之法儿思(Fars)，或法儿思斯坦(Farstan)，此城昔日以广大而建筑壮丽著名。”见书 85 页。

又元史译文证补上有文：

“设剌子城名当日设剌斯，先为法而斯部都城，旭烈兀时，法而斯为附庸之邦，故郭侣传，刘郁西使记，皆石罗子国，以城名国也。旭烈兀后，法儿斯亡。详旭烈兀传。”见书 380 页。

⑦ 钧注：马可波罗所经过忽鲁谟思(Ormuz)时谓为陆上之大城，而元史译文证补忽里模子条上：谓岛名忽里模子，今录其文如下：

“波斯海湾口外，岛名。应在怯失之东，图无。职方外纪云：‘百尔西亚(即波斯)南有岛曰忽鲁模斯，亦道北二十七度’……瀛环志略谓：波斯东南隅，有恶末屿，古时海舶互市于此，久已荒废，恶末即忽尔模斯之讹。”见书 379 页。

其城地变迁之经过，马可波罗行纪附注中曾有如下之解释：

“马可波罗所到之旧忽鲁模思不久为鞑靼所残破，其居民皆徙于邻近之岛，岛在该城西，1321 年时，斡朵里克(Odoric de Porenac)曾在此岛见其新城，距旧城约五哩。

“新忽鲁模思，建设于 1302 年，时在波罗归国数年之后。其岛虽无饮水，而土含盐硫，然不久其名望超过旧城，1507 年，葡萄牙人 Albuquerque 据之，不久成为大商场，波斯及一切西方诸国，咸在此岛转运印度货物，曾以富庶著名于东方。……”见书 103 页。

由此观之，明季郑和等下南洋时，所至之忽鲁模斯城，乃在岛上，已非陆上之大城矣。本书作者克拉维约亦未足履斯土，仅谓忽鲁模斯为印度境内之一大城，其时城已移岛上。

⑧　原注：米兰沙疯病之发作及西伊朗镇守之被黜免事，皆发生于 1399 年。此后米兰沙，乃移居巴格达。至于克拉维约之能于旅途中与其相逢之原因，系由于彼来伊朗迎候其过此不久之父——帖木儿，借表敬意，而尚未归去之故。帖木儿之长子，名只汉杰儿(Gihangir)，与哈来兹苏丹之女结婚，及只汉杰儿故去，寡嫂配与小叔，米兰沙，后来克拉维约与此位妇人，亦曾会及云。

钧案：米兰沙疯症发作于 1399 年，帖木儿帝国上，亦曾述及其事。文曰："……帖木儿于撒马儿罕的大礼拜堂建基以后就率兵出发，开始他的'七年战争'。此役始于 1399 年 9 月 10 日，终于 1404 年 7 月，帖木儿首先应米兰沙之乞援，以兵入阿哲儿拜展，时米兰沙，因曾坠马，神智昏乱，仅事游乐，滥用无度，擅自杀人毁物，发掘著名史家丞相刺失德丁的坟墓，将他的遗骸迁葬于犹太人坟园。……"见书 45 页。

由上述，可知米兰沙所掘发之墓为丞相兼史家刺失德丁之墓，并非某王之墓也。

第九章　自苏丹尼叶至尼沙卜儿

6月29日(星期日)我们离开苏丹尼叶，当地官府将马厩中骏马备我们乘用。晚间，抵撒因(Sayin)堡。次日，午饭时节过伊恩(In)村，夜宿于撒阿兹巴巴德(Sağiz Babad)。[①]此处渠道完整，流水灌溉附近田园，地势平广。次日(星期三)我们行抵一座最近方被拆毁之堡垒。据云，大约在1月之前，帖木儿率领大军东去之际，经过此处；当时堡内供应不足，赶往各地征集粮食，及大军开行，有散兵游勇，来此抢掠，堡垒残毁，居民亦弃之他往。虽然如此，现在堡垒附近，仍有住户数十户，养马百余匹；住户皆系本地官吏之家属。自苏丹尼叶至此间，沿途谷驿站上，除有两处未曾备妥马匹外，其余各地，皆供应无缺。7月3日，驿站上已经为我们备下坐骑；当日动身，及晚间，行抵沙拉坎(Şahrakan)城。就地方官府所指定之住所，而作停息。

我们正在该处休息之际，有名巴巴筛黑(Baba Şeyh)者之宗王来访。据谓，帖木儿为眷念我们远来，命他至此宣慰。他慰问之后，并邀往其治所稍作盘桓。在沙拉坎休憩几日，于星期六，换上新备之马，使团全体又出发上路。夜以继日地走过一昼夜，至7月6日午间，抵德黑兰(Tahran)城。宗王巴巴筛黑，正在此迎候。引我们入城下榻于帖木儿曾驻跸之官邸。此处为本城最宏丽之府邸。星期一清早，巴巴筛黑即亲自来邀请，赴其公馆之宴。其住处，距寓所不远；特命人备大轿一乘，迎接而去。我们至其府邸不久，埃及使臣亦被接来。埃及使臣与我们一路同行，所以也在被邀之列。巴巴筛黑为此特排盛宴，以飨远客；杀马 31 匹以供食。马头亦经洗净烧炙，列为食品。宴罢，巴巴筛黑谓：德黑兰附近有帖木儿之驸马，驻军其间；使团一行在行前，应往一访，因驸马亦曾奉帖木儿之命招待外宾。自巴巴筛黑处辞别之际，蒙其赠本人锦袍一袭，帽一顶，并谓：馈赠之物，应视为帖木儿结好西班牙国王之表征，而请予接受。

德黑兰之城广大，四周环以墙垣；城内各项游艺娱乐场所皆备。定居其地，最为安适。惟气候不甚佳。德黑兰位于剌夷境内；剌夷之地，面积广袤，土地肥沃，镇守其间者，即前面所述，将往拜访之人——帖木儿之驸马。自苏丹尼叶至此，一路多为平原，人烟稠密，气候温暖，益于健康。

星期二晚间，自德黑兰起身，出城不逾 20 哩，见右方有旧城之遗迹。据所遗之痕迹而推断，昔日此城定然壮丽。目下城址上，仍存有碉楼多座，此即旧日之剌夷城。②

昔日剌夷为此区域中最宏大之城市；然而今日，横卧郊野，变成一堆瓦砾。

星期三，我们行抵拉那咱（Lanaza）山，再翻过几道山岭，即可至帖木儿驸马驻军之地。午后，离开拉那咱，晚间露宿于山野。

7 月 10 日（星期四）午间，迎面有骑者多人驰来，告知我们，驸马即在前面大营中等候。我们稍为等候埃及使臣，以便同往谒见。

等候片刻，埃及公使即至，于是一同前往驸马驻军之营地。下马之后，先入特备之帐内休息，以候驸马召请。不足一小时，即蒙接见；驸马命我们于对面落座，为表示欢迎贵宾起见，特备洗尘宴。宴罢，我们退返帐内歇息。次日，早晚两餐，皆与驸马同处进食。返帐幕之后，又蒙其馈赠许多犒赏之物及食品，羊肉等。至第三日，仍被邀往同餐，席上菜品丰富；饭后，驸马询及所携来贡品情形，并谓：曾奉帖木儿之命，先将贡品检视一番，逐件点收，选派专人，先行送往帖木儿处。我们当将所携带贡品交付，由他遣人送往。此时帖木儿正在返撒马尔罕之途中。

贡品点交之后，驸马命备马送客。我们辞行之际，驸马馈赠使团绣袍数袭，另外赠本人良马一匹。此马为鞑靼斯坦之名驹，并且经用鞑靼人方法阉过，又赠我短衫一件。驸马名苏利曼·米儿咱(Sülemen Mirza)，为帖木儿最宠信人物中之一。其大营扎于一片草原之上，四周环山，为夏季避暑之胜地，山名拉洛(Lar)。

按苏利曼·米儿咱之妻，即帖木儿之女，其大营建有帐幕3,000座之多，[③] 帖木儿之孙，苏丹阿哈麦特·米儿咱，亦隶属其了。阿哈麦特·米儿咱年纪尚轻，现抱病未愈。此位王孙，[④] 即帖木儿派来之专使，转达将使臣之贡品送去之命令者。王孙见贡品之珍奇，不胜爱慕，有留下最喜悦之巨鹰一头，以为己有之表示。并谓："即使其祖父帖木儿知悉，亦不至怪责。"驸马苏利曼·米儿咱在侧，亦附和其要求。我们当以"贡品应亲献与帖木儿者。其中又系珍奇稀贵之物，价值连城。除呈献其本人外，其他任何人皆不敢私相授受。"作答，王孙见如此答复，仍不甘心。并遣人来告："王孙虽系青年，却果敢异常，素为帖木儿所钟爱，近以卧病此间，颇为忧闷。倘使团能投其所好，使帖木儿闻之，亦定能喜悦”云云。据闻王孙于安哥拉战役中确曾奋勇作战，当时帖木儿曾命侍卫队伍，一律上阵，彼时青年之王孙任侍卫军中官长，独留未遣。王孙颇为不耐，因向祖父请求参战，决不坐观。帖木儿尚未表示允可之际，王孙愤极，将头盔掼于地上，出营纵马入阵，而竟赤头奋战终日。

7月12日（星期一）正欲离开苏利曼大营之时，使团随员哥莫斯撒洛泽忽然发热不适；我自己并未觉得不适，而随行之西班牙人中，多有患病者。当时与苏利曼商议处置办法，他以为患病各人，最好留于其地调治，不必出发，以免病势加重；一俟病体痊愈，再随后赶去。我们对其主张，极表赞同，乃留患者七人于其地；其中有教士偕来之从人，及侍卫官撒洛泽之侍儿，皆经送往德黑兰医治。俟将来返国时，再携之同行。后来我们于归途，将此数人领回，但其中有二人已死。

自苏利曼·米儿咱大营出发之夜，露宿于一河岸。7月14日（星期一）行抵菲卢兹鲁哈（Feruz Ruh）堡，休息。于其地获悉帖木儿于12日前过此地，向撒马尔罕而去。帖木儿曾吩咐沿途官吏，转告我们，不必疾行追赶，俟其抵撒马尔罕之后，方能召见。帖木儿之目的，在使我们观光其名都撒马尔罕之盛况。此城为其首先据有之地，同时计划建设之为超越其他各城之名都。撒马尔罕经帖木儿于屡次胜利中，将其掳获之财富，来此充实之故，目下已不啻一座宝库。

菲卢兹鲁哈堡，于帖木儿经过时，横遭摧毁，已被夷为平地。于我们行抵菲卢兹鲁哈堡之15日前，方为帖木儿所毁。其原因如下，菲卢兹鲁哈堡，原为帖木儿所最宠任之将伊思坎德筛黑（Iskander Şeyh)所镇守,帖木儿曾付以治理城堡及左近土地之任。不知何故,伊思坎德筛黑启帖木儿之疑猜,竟遭拘押,解往撒马尔罕。此事发生后,有堡内守卒,将帖木儿之部属某人,幽禁堡中。帖木儿闻悉大怒,亲至堡前,督率将士,围攻该堡一月之久。堡内守军士卒,见大势已去,徒抗无益;于是夤夜乘将士不备之际,潜行逃散,其余皆为帖木儿所获。按菲卢兹鲁哈堡,极为坚固,具牢不可破之形势。倘堡内拥有相当数目之兵力,则万无攻入之理。堡墙依绝岩之山势而建,四周与群山分隔,山堡内土地平旷,所有边缘之处,皆立有垛墙防守,其内为堡民之街市。边墙之上,又叠起城垣两层:下层为居民住房,上层则为堡垒。以此,坚固难拔。菲卢兹鲁哈堡垒之各层,皆修有防御工事。此外堡中积有军民足用之粮食,又有甘泉,足供汲水。堡外河水环绕,河面上非架设桥梁,难以飞渡。

7 月 11 日(星期二)天方破晓,我们离菲卢兹鲁哈堡,夜间露宿于野。星期三之夜,亦如此。因两日以来,沿途上未曾遇到一座村落,道路坎坷不平,天时酷热,身旁所携之清水,亦已告罄。直至星期四午后,方行抵阿胡温(Ahvan)城,此位于河畔之大城,原有堡垒两座,左右翼卫,最近已遭拆毁。同日,自此间续前行,黄昏时抵达姆冈(Damgan)城。此城建于平川之上,有土墙环绕,城角有堡一座。达姆冈城隶于麦德(Med)境,为西伊朗东境之边城。是日正遇炙人之热风吹来,其热炽之烈,似来自火狱,触人欲燃。所携之巨鹰数头,其一已因热而窒死。

距达姆冈城,约有一掷石远之地,见有土塔两座。塔之四面,皆由灰土涂抹,其中系人骷髅骨所堆成。其旁与此相同者尚有两座，但已经拆毁倾倒，此中骷髅，皆系白羊朝人(Ak Koyunlu)之遗骸。此族人向来游牧小亚细亚及叙利亚之间。帖木儿破西瓦斯城后，委弃之而去大马士革之路上，将此族战败，尽数俘获。嗣经遣之来此人烟稀少之达姆冈一带。白羊朝人举族移居至此后，复犯其游牧民族之习性，不时四出劫抢，潜行西移。恰遇帖木儿率领大军，自西方归来，行抵达姆冈，见白羊朝人如此难驯，尽收其众，斩杀多人，即命积其尸身为巨塔四五座。此类骷髅塔之建法，系叠积死尸为数层：中隔以砖石，逐层叠聚，遂成巨塔。据传，某日帖木儿曾令一俘虏往杀某白羊朝人，不料俘虏误将所遇之一白羊朝人杀害；于是白羊朝人群起报复，与俘虏发生冲突，三人一堆五人一处地互击。据云，如此反复仇杀之结果，死亡有六万人之多。达姆冈居民，常见骷髅塔冒出火焰，夜间塔上之磷火，明亮如灯。

行抵达姆冈以来。休息数日，至星期五晚间，方自当地官厩中领来马匹，终夜驰进。星期六清晨，行抵一小村，以天气炎热，昼间乃息于村中，夜间续行。

7 月 20 日(星期一)早 6 时，行抵百斯坦姆(Bestam)城。此地有名阿那可拉(Anakora)之鞑靼贵人迎候。此亦系帖木儿所遣来之使者，专负照料使团人员之责。行抵此城之际，舒适之宿处，早经备妥。使团一行人员，皆沾染时疫，身感不适，未能赴其邀宴。贵人闻悉此讯，乃来问病，并将食物、果品等需用之物，遣人送来寓所。

阿那可拉于饭后又来邀请，并谓：“曾奉帖木儿之命，应于皇宫之内，大排盛宴以示款待，并有馈赠哈达等之典礼。似应遵其命，逐一照办。”本人当以病体支离，势甚沉重，坐立为难，万难应命赴宴，尚望其海涵等语，遣人辞谢。惟此位贵人，坚作邀请，不得已乃派随行教士代本人一行。及教士赴宴归来，果然携至所赠之哈达两方。按此间风俗，非在极盛大之宴会上，绝无赐哈达之礼。凡受赐之人，必须向之行三鞠躬，以示对帖木儿谢恩。

随行之教士代表使团赴宴归来不久，阿那可拉已命人备好马匹，请一行人立刻启程上路。因帖木儿曾有疾行之命，须星夜赶来撒马尔罕。我们当时以各人病势沉重，至少亦需作二三日之休息为言。据谓："无论病势如何，片刻不得休息，务请疾行"，并谓："帖木儿倘若闻悉在路上容许我们停留，定然获谴，甚至被处死，亦未可知"。岂知我辈患病之人，周身发热，难过要死，身体已在马上坐立不住。乃取立枕夹置身前后，以免倒下。用此种方法安顿后，患者方能乘马前行。一路昼夜兼程而进，次晨行抵一荒村。又行一日，于路上见一行馆，系备行旅休止之处。沿途上，迄未见一村落以其地气候极其酷热，而缺乏泉水。所有路上饮用之水，皆系自行馆中取来。

7 月 22 日(星期二)行抵热拉姆(Jağram)镇。天时依然炎热，此镇位于山坡之上，修有沟渠，以引山水。镇内有堡垒一座，矗立中心。去冬此间降雪甚厚，至夏融化，山洪暴发，将镇上建筑冲刷近半。田亩亦为积水所淹没。近二日来，道路尚为平坦。热拉姆镇上人士，除备丰富之膳食外，并代备新马匹，以便我们饭后立刻就道。阿那可拉亦一路陪行因此逢村遇站，莫不立刻备饭换马。帖木儿于其汗国内，遍设驿站，备置马匹，以供换乘。较大之驿站上，常备良马百匹，多至二百匹。此去撒马尔罕，一路之上，皆是如此。为供给各驿站人员之需用及饲养马匹起见，各站旁建有馆舍。

帖木儿之使者，每至一驿，立将原马交与站上更换新骑，继续前进，驿伕伴往下站，将原马领回。万一马匹在途中疲乏或倒毙，使者即自路上所遇之骑者，借用坐骑，赓续前进，绝不中止。

按驿站之规定，帖木儿之使者，于路上倘有需用马匹之处，迎面遇有行人，无论地位高低，即属宗王、贵族、抑或行商走贩，只须提出商借之请求，对方必须下马借与。不论为谁，对此种义务，皆无推却之余地。倘有迟疑，或竟予拒绝时，即有被斩首之危险。使者于途中借到之马，驰至附近驿站，再更换他骑。

一路之上，我们即如此换马前进。途中遇有急需马匹之际，迎面来者，即属皇太子，其扈从亦应下马，将坐骑换与往觐见帖木儿之人。帖木儿不仅于赴撒马尔罕之大路上施行此项制度，即汗国其他各道上，莫不如是。以此，驿站与邮传使者，随地可见。其作用在使各地消息灵通，而帖木儿之巡吏，昼夜活动于四方。帖木儿并未限定其驿使昼夜奔驰，只规定每日行程为 50 程（Fusah 每 Fusah 约合 10 华里）。如此已足令其使者，不敢稍怠。故途中坐骑，即使因奔驰过度而猝毙，亦所不惜，因帖木儿所最注重者为迅速。

帖木儿以撒马尔罕境内辽阔，难以监察，因于各地遍立碉楼，其间距离 10 里即有一座；并命察合台人各就驻所，每日巡查 10 处，或 12 处，以防守卒疏怠。察合台人称之为毛拉（Mola）。沿途曾见此类碉楼多座，蒙古人之里，其长度较西班牙人所通用之里约长一倍。帖木儿之急递使者，每日所驰之远，若非亲睹，定难置信，因其并力奔驰，初不顾及马力为如何也。帖木儿所规定者，为每日须行 500 里，但使者往往超过此限，昼夜不息。有时达六七百里，倘遇马匹倒毙途中，立将其皮剥去，将肉卖出。因此道旁，死马遗骸，随处可遇。其数目，若加统计，定然惊人。

抵热拉姆之次日，仍继续驰进，昼夜不停，一意疾行。我们亦曾商议，稍作停息。而随行之引导，却促我们赶路。日间之炎炎，固极难忍；夜间之酷热，依然炽烈。间或热风吹来，炙人肌肤；随员中之侍卫官撒洛泽，因气候不适，及沿途上奔驰之疲劳，今晚病倒。这位可怜之同仁，病势沉重，而不得调摄；终日奔驰于荒旱之路上，滴水不曾入口。沿途既乏泉水，又不暇休息。仅能干饮马之片刻，稍事恢复体力。星期四，终日奔驰于荒寂之地。夜半方抵伊思凡拉茵[5]（Isferayin）城。此城之建筑整饬，地方广大，私宅、公署、清真寺等，颇为壮丽。惟目下居民稀少，寂凉不见人烟。行抵此间，仅作片刻休息；用过饭，即在夜半换马就道。次日为星期五。午间入一荒村，居民自10里之外，端来饮食。午后续行，夜间奔驰于平原之上，及7月26日为星期六，抵雄壮之尼沙卜儿城。[6]

尼沙卜儿城外，周围10里，皆系果林田园之地。有帐幕400座，此间之帐幕，与普通者不同，尽系黑羊皮所制。所居皆游牧民族之库尔特（Kurt）人。此族向居帐幕，而不定居城市；无分冬夏，逐水草牧放为生，其畜多牛羊之属，且拥有骆驼3万头，以本省境为牧地。每年向帖木儿纳驼3,000，羊1万5千为赋税。库尔特人以帖木儿允其在省境内自由牧放，每年虽有若干之输纳，亦感满意。使团行近其帐幕时，有头目出来欢迎，迎接众人入一大帐内落座。当由侍人捧过牛奶、黄油、面包进食。此为该族人待客之礼。饭后辞出，进尼沙卜儿城来。当日随行侍卫官撒洛泽，病势加重，不能乘骑，所以暂时留居于一村中静养。

尼沙卜儿城，处于一平川之上，城外由园囿、树木、房屋所环绕，地方官府，引来众至一美丽之住所内。又有各首长送来各项应用物品。食物与果类，亦在其列。其地所产甜瓜，既大且甜，口味极佳。此外，美酒亦有出产，尼沙卜儿城守，对外宾除作上列之招待外，并赠使团人员以衣袍数袭。据谓此系奉帖木儿之命，于使团经过时，设宴献哈达，及代备马匹等。

于距尼沙卜儿城尚有 50 里之处，曾遇帖木儿军中统将一员，名马洛雅约(Malyalyoğa)，亦为帖木儿派来迎使团之官员。马洛雅约见我们走来，即进前致候，并沿途代为照料一切，及闻随员中之侍卫官撒洛泽因病不能成行，立刻亲往村中探视；彼时撒洛泽已因病瘦弱不堪，难以起立；他乃为之备担架一副，由差役数人，肩抬而来尼沙卜儿。统将为救治我们的同仁，曾用尽方法，延请城内名医诊治，惟病势未见转机，撒洛泽不久去世。

尼沙卜儿城内广大，各项消遣场所皆备。此地又为麦德省会。著名之宝石矿，即在此处。伊朗境内，虽产宝石，终不及此地所产者优良。尼沙卜儿城内，人烟稠密，居住此城颇为安适。麦德省境。郎止于此。过此，即入呼罗珊境。其地亦辽阔广大。

---

① 原性：著者所述之撒阿兹巴巴德(Sağiz Babad)究竟所指为河处，此时已难考证。或为松枯拉巴(Sunkurabad)亦未可知。因其地与克拉维约所列举者极近。

② 原注：剌夷(Rey)城，旧日曾为伊朗北部之都会。及 1220 年成吉斯汗之军队侵入伊朗时，焚杀抢掠，肆意破坏，剌夷城亦遭拆毁。自此之后，德黑兰代之而兴起，Kaçar 人统治伊朗时，郎以之为都会。

③ 钧注：“帖木儿有一女名苏丹·巴黑惕(Sultan Bakht)，嫁给速来蛮

沙。据本阿剌卜沙书所云:'公主性同男子,而颇厌恶男子。'(见帖木儿帝国90页)按即系嫁与苏利曼·米儿咱之公生。"

④ 原注:此位王孙为帖木儿次子奥美·筛海(Ömer,Şeyh)之子,其父已去世,王孙此时年方十七岁。

⑤ 原注:伊思凡拉茵(Isferayin)城,为介乎热拉姆与尼沙卜儿之间一片平陆之省会。昔日为一重要之地,其城经蒙古人破坏而告衰落。现已无遗迹可寻。按热拉姆与尼沙卜儿之间,距离为180哩,伊思凡拉茵城正位于中心。

⑥ 钧注:尼沙卜儿于元史译文证补上有乃洗不耳条,原文如下:

"乃洗不耳,图无,审音考地,必是曷思麦里传之你沙不儿。本纪之医察兀儿,亲征录上之你沙兀儿,在徒思西。明史坤城传后有你沙兀儿。"见书391页。

第十章　离开尼沙卜儿

7月27日(星期日)，我们从尼沙卜儿启程，继续前进。夜间经过一座荒寂而不知名的村庄。及星期一，行抵一宽大的城池，名凡尔坡(Ferbur)，城中居民，泰半逃亡他处。其原因，是在12日以前，帖木儿率领大军路过此间，大肆破坏，人民畏惧而逃。

虽然如此，城中留下未逃的居民，对我们却招待得很周到。备下宿处，设宴款接，并献哈达。此城四郊之农田，已告荒废。天气炎热已极，而我们仍攒程进发。晚间，到阿西奎(Asikör)城。休息数小时后，又登程赶路。次日午间，抵奥哈汉(Ohahan)城。7月30日，我们受该城盛宴招待，饮膳之外，其他一切所需之物，皆供应无缺。

在此城内，遇到帖木儿幼子沙哈·鲁[①](Şah Ruh)所派来的使者。据云："太子沙哈·鲁邀请使团，至其镇守之地，稍作盘桓。其镇守之地，名哈烈[②](Herat)城。距此间约300里之遥。太子沙哈鲁为延见使团，准备盛大欢迎。为外宾安适起见，不惜破费一切云。"我们接到这样的邀请，当时即与帖木儿的专差马洛雅约商议，如何答复。商量的结果，作下列答复太子的使者："我们因为已经奉到帖木儿的直赴撒马尔罕中途不得勾留之严命，未便擅自变更路程。其不克往谒，尚乞太子原宥云。"回复来使之后，遂即动身到麦什特(Meşhet)城。此处即伊斯兰教先贤伊玛目李查(Imam Riza)墓地。伊玛目李查即曾被封为苏丹呼罗珊(Sultam Horasan)者。其先代为穆罕谟德之后裔,为地方人尊为大贤,墓建于城内之最大拜礼寺内。墓顶镀以白银,四边镶以琉璃之属。终年有外方伊斯兰教徒,来此参谒。曾谒过此墓之人,深为伊斯兰教中人所敬重,见之者辄取其衣角而吻之。因为此辈,已被认为曾朝圣地者。我们行抵此城时,亦一度参谒伊玛目李查之墓,后来我们踏入伊朗国境,行往各处之际,皆被称为“朝过麦什特城之人”,见者莫不争引我们的衣角而一吻,我们之参谒过教长墓,居然也似获得一种荣誉。

7 月底,离麦什特,晚抵突斯(Tus)③城,该城位置,仍在呼罗珊境内,建筑极为美丽。其美丽处,为自苏丹尼叶城以来所仅见者。星期四,驻在此城,稍作休憩。因为下段路程,极易使人疲劳。从突斯过去,须穿行一段沙漠地,通过此段路,极费气力,沙漠之长,约 500 里;中间不见寸草,所以旅客在行前,要为马匹备下饲料方可。晚间,诸事齐备,乃启程进发。直至星期五早晨,方停止,整夜皆在行进。星期五及星期六两夜,亦在赶路中过去。8 月 2 日(星期六)方得重见草野,此处已见有人耕作。有河流名那支阿卜(Kaci Âb),灌溉其间。河岸之上,扎有无数帐幕,此系帖木儿的本族察合台人的营盘。察合台人,随营牧放羊、马、骆驼之属,并以之为居处。在此处遇到一位帖木儿派来的宫内人员,来迎接我们。他随身携来良马多匹以供骑乘,由于帖木儿的厚待,处处皆予我们以便利,供应我们所需要之物品。来使名米儿咱·包咱(Mirza Bozar),他代帖木儿慰问我们,并谓奉命引导我们到撒马尔罕。马洛雅约至此,本可交卸责任,将职务推让与米儿咱·包咱,而自己转回去。但是马洛雅约并没有离开我们,他仍然率领随从人等陪伴在侧。

每到驿站停息之际,我们取用已备了的一切饮膳,及所需之物。有时并承馈赠以果品。每次停马入站之际,立刻有人走过来,照料牲畜,守护物品,惟恐有失。因为倘有怠慢之处,引导人员,立加重刑。

作我们导引之官员,不论到城市或乡村,先将当地官长唤来,对他发号施令,并且说明系奉帖木儿之命,如此办理。当地官员,奉令后,莫不迅速执行;倘有迟误,皆不免受一顿痛打。无论城市或村镇之负责首长,奉命办事,偶有延搁,立刻被提到市集上,当众受责。此地之波斯人,向来头上缠以头巾。鞑靼人则素来讨厌此项装束。所以见有缠头巾的波斯人,即将其捉住,先拆开缠布,用布将其颈系在马鞍上,然后施以鞭打,以惩治他们。因此有许多乡下人,每逢见到帖木儿部下的人走近,立刻转身即逃,其畏惧之情形,有如畏惧魔鬼一般。即使在街市商店内做生意之商人,一见帖木儿之公差经过,莫不立刻关闭店门,藏匿起来。或者逃往家中,一边逃避,一边知会他人道:使者!使者!其意表示帖木儿的使者来到,大家从速躲避。实际上讲,帖木儿之使者降临任何一地,对当地人确为一件不祥之事。因鞑靼人之残暴行为,亦无殊于魔鬼之使人畏惧。鞑靼人逢村入镇,捉到头目人,绝不讲礼貌,或作客气话,满口乱骂,任意而为。

我们同行的一队人中,除去西班牙使团人员外,尚有埃及公使;在菲卢兹·鲁哈(Firuz Ruh)城与苏来曼·米儿咱会晤时起,

即同在一起走，现在仍然在一队中前进。路上各地人士，招待我们的情形，既如上述，而鞑靼官吏的一切行为，亦略如前述。

帖木儿的部属奉令办理政事之际，为求迅速完成起见，不顾一切，任何残暴手段，皆敢施用。甚至为加紧执行命令，而杀害人命，亦所不惜。因为这样，所以与他们相处得来之人，几乎没有。凡奉有帖木儿命令办事之人，权力极大。可以任意发号施令，无人敢加阻止或拒命。甚至任意传唤军队中的将领来供其驱使。因其权力漫无限制，所以人人畏闻帖木儿的使者之名。我们一行人等抵泰芝尼(Tecini)城边，过察合台人营幕之际，引导者米儿咱命察合台人为我们备肉食、米饭、乳及黄油之类饮食。不大一刻，这些食物，皆送到，并且馈赠我们许多甜瓜。

此间所产之甜瓜，量多味美；我们承察合台人以此名产享客，极为高兴。察合台人，至今仍过游牧生活，终年居于帐幕之内；冬夏迁徙各地，常择一安全而易于防守之地，张立帐幕。夏季多居于近河滩而平坦之地，在该地播种麦、棉，栽培瓜类。他们所培出的甜瓜，体积之大，味道之美，可以称甲于世。察合台人的食品中，还有一项为人所难忘的，就是以酸奶子煮胡萝卜，别有滋味。

冬季，察合台人移居到气候温暖之草地。帖木儿之军队，亦是如此，无分冬夏，总是生活在草野上。现在察合台人，已经没有对敌人袭击的畏惧；所以他们不必如往日一般，聚在一处。

帖木儿自己，也随同大军各处迁徙，其余的皇族、扈从人员、后妃，以及嫔妇、亲属等，跟附在后，随行至各处。他的时光，便这样排遣过去。此族人生活，若概略言之皆是如此。鞑靼人常拥有大批牲畜，其中有骆驼、马、羊，但是牛的数目极少。

每逢战事一起，帖木儿即征调民兵。应征之人，则携带畜群，家私及妇孺，全体而至。妇人及儿童，追随大军之后。马匹及牲畜之属，充作军需及军食。帖木儿即以此项队伍，建起丰功伟业，获得无数次的胜利。鞑靼人本为最勇猛之民族，习于骑乘，精于射击；饮食上毫不讲求，倘获有丰富馔食，则尽量狂啖，有开肠破肚之势。饮食偶有缺乏之时，啖肉饮酪，亦足以支持很长时间，不觉饥饿。亦不以面包为必需品，肉、乳两项，足以维持生活。鞑靼人可称为世界最能忍饥耐寒之民族，不得已时仅饮阿伊兰（Ayran），亦可度日。阿伊兰之制法如下：用铁锅一口，内注清水，下加温火，不俟水沸，即将冷水化开之酸乳干，放入锅内，与温水搅和。稍增温度，即成含有酸味之阿伊兰。其次将圆块酵饼，投入锅中，俟火热水沸，再撤下，冷却，装入罐内即成。此类乎稀粥之饮食，鞑靼人视之如命。仅仅饮此阿伊兰，虽无肉食及面包可寻，亦所甘心。他们每日饮食，大略亦不过如是。鞑靼人，不用柴取热，所用皆兽粪，称饭食为阿失（Aş）。

星期日，我们离开爱斤（Ecen）河岸，晚间宿于一大商馆内，次日将经过一段荒野之地，不见居民。于是我们先在落宿之处，喂好马匹，并且作充分休息，以备行下段 120 里之荒路。白昼驰行一日，晚间换上坐骑又行，夜间热度未减，仍得续行。而沿途不见水源，我们口渴难忍。次晨仍前行，午后 3 点左右，因为口渴，不得已停住。所乘马匹，因饮不到水，已疲惫欲死。我们一行人也与马匹之处境，相差无几。同来之教士的侍童，牵马向前溜行之际，忽然发现一条小溪，立刻提水给我们送来。经他的发现，方将我们从死亡中救出。

日落之际，我们行到一片草野。见麦尔噶布(Mergab)河，流经此间。岸上扎有察合台帐幕多座。我们即在此处下马，休息一夜。次早上马再前行，抵一大商馆。馆内官用马匹，皆系察合台人经管，当承他们照护，就在馆内用饭。乃稍作休憩，午后换过马匹，继续登程。傍晚续行两小时后，抵察合台人之一座军营，夜间宿于帐内。次日为星期四，续行，晚宿于一村庄内。星期五，沿麦尔噶布河行，路中遇有察合台人，曾作访问。并在帐中休息，换过马匹后，仍续向前进发，夜间露宿郊野。

8 月 9 日(星期六)，我们停在撒罗噶・素克哈撒(Soloğar Sokrhasa)休息一日。此地有一为鞑靼人所最崇敬之伊斯兰教学者，不久之前逝世，遗下幼子二人。帖木儿允加抚养；大军过此时，帖木儿又亲来慰问。现在已将此二子，携往撒马尔罕宫廷内，施以教育。此学者系出名门，素为人推重。逝世之后，二子即随同帖木儿赴撒马尔罕。所遗土地财产，留归其妻掌管。

此地以滨河近水，四周田野，皆引水灌溉；所辟花园，亦极美丽。我们停住此间之日，受当地人士盛大的欢迎；学者家中人，亦曾来拜候，供给我们一切需要之物。除陪我们同席外，另外又宴请我们一次。当晚，换上新骑，前行至察合台帐幕，宿了一夜。次日(星期一)黎明时即出发，疾行一昼夜，越过一片沙漠。

途中所经各地，若遇到帖木儿军队时，一切需用，亦可向军中索取；不论饮食，或其他当要之物，皆能供给；即使马匹的饲料，也由他们备好。

8 月 12 日，昼间在一平原上之商馆内，稍作休憩。晚上，换马续行。不久，即抵安胡叶(And Huy)城。此处为帖木儿所派之引导米儿咱·包咱的封地。安胡叶城，位于伊朗境之邻邦塔吉克(Tacik)境内。此地居民，所操语言，与波斯语大不相同。城中人士，见我们来临，曾作热烈的欢迎。于是我们从星期四起即停留此间，终日忙于酬酢；曾饮到安胡叶的名酒，参加当地人的盛宴。安胡叶城建在一片平原上，城外花园、葡萄园、果林、连亘20里之远。园艺特别发达的原因，是由于有几道河流，皆汇聚于此，足供灌溉。

星期四晚间，动身离开安胡叶城。夜宿察合台人之营幕中。

察合台人，因帖木儿之扶植，遂在一般人民中，占有特殊的地位。可以随地牧放牛羊，到处可占地耕种，无分冬夏，随意迁徙各地，不受任何限制。此族人邀免各种赋税，但是有服军役的义务。他们大多数任职于帖木儿之侍卫军，负保卫他个人的安全、防御外方袭击的责任。此族人尚有一特色，即男子虽在服军役之际，仍可挈携家小，保有自己的牲畜，不离身边。遇有战事，则妇女儿童，追随大军之后而行。其族妇女往往将幼儿放在马驮内，而马驮则紧系在马鞍上。妇女乘马随大军之后，毫不以为苦。骑坐自如，甚至有携儿同乘之时。贫苦之家，多搭乘骆驼，则不免受苦。因骆驼之行走与马之步伐大不相同。

近来我们在路上，每日午后稍作休息，而晚间住宿于察合台人帐幕内。星期五午间，行抵一村，用过饭，当晚宿于一座大城内。可惜将城名④忘记，城之四周墙基仍在，房舍等已经破坏不堪。

不过，此间有壮丽的礼拜寺及楼房若干座，巍然犹存，并且仍有人居住其间。星期五晚上，住在这里。星期六继续登程。城中人士，亦曾飨我们以丰富的饮食。

换上新坐骑后，出发至晚，又望见帐幕，即住在察合台人帐中。

星期日早晨，换过马匹，在午后上道，一路热风吹人，使我们不得不屡次下马暂避。天气又酷热似火，所经的道路，系一片沙漠；烈风挟热砂吹来，炙人肌肤，风沙吹过使我们迷失道路；米儿咱乃派一随行之察合台人作向导。

最后，多赖上苍之佑，终于进抵阿里·阿巴德(Ali Abad)城。停于此间，以待风息。晚间，到乌什(Uş)村，即在此下马。

同夜，仍继续前进，至8月18日(星期日)抵巴里黑(Belh)⑤城；此城宽大，四周有高约3丈之城墙围护，城内尚有堡墙两道；外墙与第一道城堡之间并无建筑，系种植棉花之田地。第一道城堡与内堡之间虽有房屋建筑，但不繁盛。至内堡中，则人口稠密，房屋紧凑。巴里黑城之防守上，极其坚固。城内居民，为欢迎我们起见，除供给种种需用外，临行时，赠送每人马一匹，哈达一方。

星期四，行至阿卜⑥阿姆河(Abu　Amu)，或称之为细浑河(Ceyhun)的一条大河边。河面宽约10里，水流甚急。河流经过一片大草原上，所以水色混浊。冬季河水浅涸，系由于山上积雪冻住，尚未融化之故，水源不畅。但至4月间，河水立刻高涨，涨满之期，前后约4个月之久。其中以夏季数月，水涨漫溢，为害最烈。甚至远距河岸约10里之遥的一座村落，也为此河水所淹没。阿姆河发源于阿富汗，经撒马尔罕平原，及鞑靼境内，最后注入里海，这条河构成呼罗珊与撒马尔罕间之天然界线。

---

①　钧注：沙哈鲁为帖木儿之第四子，生于1377年。及1402年克拉维约过呼罗珊时，彼正坐镇哈烈。曾延邀克拉维约，未果行。后镇呼罗珊全境，于帖木儿死后，讨平各部争乱，继任汗位，殁于剌夷州(1447年)。此汗勇敢

而爱和平，务求与邻国维持友好，奉中国为上邦，入贡于明。延致学者，修复帖木儿所破坏之城市。明史有沙哈鲁传。

② 钧注：明史有哈烈条云：

“哈烈，一名黑鲁，在撒马尔罕西南3,000里。去嘉峪关2,000余里，西域大国也。元驸马帖木儿，既君撒马儿罕，又遣其子沙哈鲁据哈烈。洪武时，撒马儿罕及别失八里咸朝贡。哈烈道远不至。25年，遣官诏谕其王，赐文绮彩币，犹不至。28年，遣给事中傅安，郭骥等携士卒1,500人往，为撒马儿罕所留，不得达。30年，又遣北平按察使陈德文等往，亦久不还。成祖践祚，遣官赍玺书彩币，赐其王，犹不报命，永乐5年，安等还，德文遍历诸国，说其酋长入贡，皆以道远，无至者。亦于是年始还。文，保昌人，采诸方风俗，作为诗歌以献。帝嘉之，擢佥都御史。明年复遣安赍书币往哈烈，其酋沙哈鲁，把都儿遣使随安朝贡，……其国在西域最强大，主所居城，方10余里。垒石为屋，平方若高台，不用梁柱瓦甓，中敞虚空数10间。窗牖门扉，悉雕刻花纹，绘以金碧，地铺毡罽，无君臣上下，相聚皆席地趺坐。国人称其王为“锁鲁檀”，犹言君长也……城中筑大土室，置一铜器，周围数丈，上刻文字，如古鼎状，游学者，皆聚此，若中国太学然。有善走者，日可300里，有急使传，以前走报。俗多尚侈靡，用度无节，土沃饶，节候多暖少雨。……”书332页。

又明陈诚曾使西域，于其西域番国志内，记载哈烈极详。

③ 钧注：突斯(Tus)，元史译文证补上亦有途思条：

“案本纪：拖雷克徒思当即途思。此为西域孔道名城。唐时哈里发哈而仑葬墓于此。蒙古西来，发其墓，城亦被毁。元太宗时，蒙古官库而古司重建。地当在巴达克山之西，当属不赛因，今大典图乃在东北，而属笃来帖木儿，岂葱岭西南近地，别有途思城耶，无考。”此处之名同，而地不符。

④ 原注：此城或即沙坡干(Şapurkan)城。

⑤ 原注：巴里黑城，早经残毁，其地距离阿里衣冠塚(Mezar Şeref)处不远。按土库曼人曾有为伊斯兰教大贤阿里建立衣冠塚之说，而阿里之原墓，则在库法(Küfe)云。

又钧案巴里黑城之名与元史译文证补之巴里黑条同。今录之于后：

“巴里黑，图在东界。即本纪班勒纥。察罕传板勒纥人。西游记作班里，缺“黑”字音。西游录作班城，并缺“里”字音。今俄图称巴而黑。他国地图，或称巴而克。明史坤城传后,亦有把力黑部。”书 393 页。

又据马可波罗行纪上所载,此处为一名贵大城,昔日尤形重要。然经历鞑靼人及他种人之残破,昔日之美丽宫殿,以及大理石之房屋,已不复存。据城人云:亚历山大取阿留士女为妻即在此城。……今并将其附注录后:

“巴里黑是阿富汗斯单北部之一城名。处阿母河南,约 60 公里。此河古希腊人名之曰乌浒(Oxus)。蒙古人名之曰质浑(Djihoun)。昔日此城,是大夏(Batriane)之希腊王都,颇著名于当时。曾以世界最古之城自负,亚洲人名之曰:‘诸城之母’。相传为西鲁思(Cyrus)所建。”见 122 页。

⑥ 钧注:阿卜(Abu)为阿剌伯语“河”之意。阿母河名,此河发源于葱岭北,流注入于咸海,曰鄂克疏河,曰瓦汗河。亦曰乌汗河。唐书乌浒。元史译文证补上认为系乌汗转音,玄奘西域记作缚刍河,则认为鄂克疏转音,并谓代远千年,音经重译,诚难吻合,实则上述种种不同之名称,皆系根据称霸此河上各时代之民族,所予不同之名称之译名而已。希腊人统治此地时,名之为 Oxus,汉译名乌浒,及后突厥人入主此间,名之为 Aksu,汉译之则为阿克疏,或缚刍河,及后蒙古人势力西向,此河名又成为 Djihoun。汉译为细浑,或只浑河。至伊斯兰教势力重振于此间,Abu Amu 又加于此河,而中国之译名,亦改称之为阿母河矣。

第十一章　渡河向撒马尔罕进发

当年帖木儿征服撒马尔罕全境，决意渡过阿姆河，而南入呼罗珊境之际，曾于河上搭起一座浮桥。桥身由船舶排成，上面铺以木板。帖木儿俟自己及大军刚刚渡过之后，便下令将桥拆断。所以此后，河上无桥，直至最近帖木儿于若干战役后归来之时，方才令人从新建造。我们从前以为路经该处之际，可以幸运地享受由桥而过之便利；不料，最近帖木儿于自己走过这桥之后，又下拆断之令。因此，当我们临近河岸时，见到桥身尚遗在河中，两头靠近河岸之处，果然被拆断。

所幸，桥身大部，尚未伤损，仍可利用。我们的坐骑及牲畜等，皆赖这段残桥之助，得以渡过。其余靠近河岸的一小段，则用船只摆渡。当年亚历山大大帝与印度王在此原野作战之际，即于此河上大败之。

星期四，我们到达阿姆河右岸。晚抵一座雄伟的城市，名替而米兹(Tirmiz)，按此城旧日隶属印度斯坦或阿富汗，现在被帖木儿划入撒马尔罕辖境内。撒马尔罕省境，即起自阿姆河右岸。此处仍保存着蒙古境内所通用的名称与语言，与阿姆河南岸所用者，迥乎不同。南岸所用为波斯语，而此处通用蒙古语；兼晓两种语言之人，为数极少。再者撒马尔罕境内流行之文字为蒙古文，亦为南岸之人所不识。因之帖木儿政府中，雇用若干深悉蒙古语之官吏书记，以处理政务。此地人烟辐辏，村落繁密，土地肥沃，居民及牲畜所需之食粮，皆有出产。

帖木儿为管理阿姆河所定之法令为：除非帖木儿自己渡河时，方得建桥，但过后随即拆除。其他各人欲渡此河时，只能乘船。其次，关于自撒马尔罕出境往南行者，须携凭照；其上注明往来去处。居民人人皆须持有凭照，即诞生于撒马尔罕者亦然；只有自他处入境者，不在此限。

沿河各口，皆停有渡船。船夫取自旅客之渡费，数额颇大。帖木儿为建设撒马尔罕起见，移来若干俘虏；亦有被征服各地的居民，被迫迁移来此充实境内往户人口。同时为防止迁来的居民潜逃起见，沿河一带，添设许多防守之处。河上有船只上的盘查，尚有巡察官吏多名，各处搜截逃户。我们路经伊朗及呼罗珊境时，见有帖木儿属下官吏若干人，押送从各地移来之孤儿弃妇，或无法生活之贫苦男妇多人，送往撒马尔罕境去。

不过此辈收集之民，多不愿远来撒马尔罕，只以在强力压迫之下才被押往北来。此类移来之民，我们在胳上曾屡次遇到；有骑牛者，有骑驴者，亦有牧放畜群而来者。逢村吃村，遇站吃站，因帖木儿之规定是如此。据说撒马尔罕境内居民，因此增加 10 万以上的人口。

现在我们所到达之城市替而米兹，是座极雄伟而繁盛之城池。城的四周，即无城墙，亦无防护之设备。城内沟道完整，有水灌溉其间；园囿之属，所在多有。自城门至寓所之一段路，其长远已足使我们感觉疲乏。

仅以所经过的这段城内街道而论，已穿行许多巷里及广场；到处人口稠密，商货云集。城内居民，亦如他处一般殷勤招待，除供给食宿各事之外，另馈赠丝料哈达一方。

正在此城候信前进之际，帖木儿派来一位骑使，来此宣慰。并询问沿途各处，是否有慢待之事，并候问各人之康健等。按此间习惯，对于传命使者向例有馈赠之举，我斟酌习俗，即以一袭锦袍赠给他。同时又赠阿那可拉（Annakora）以佛罗伦斯（Floransa）产的匹头数件；阿那可拉是自呼罗珊以来，即做我俩之向导。

埃及苏丹之专使，对帖木儿之来使，也相当馈赠，对于先来之使者米儿咱·包咱，我们合赠以马一匹。因为凡有馈赠，必须是每人有份，此亦本地之习惯。对于帖木儿所派来的使者，馈赠物品，原为表示敬意；但是赠品多少轻重，当视事之大小轻重而定；按理对帖木儿表示之敬意愈深，则赠来使的物品，愈应厚重。

8月22日，饭后动身，离开替而米兹城。夜间大队人焉，皆露宿郊野。星期六，穿行过平原上的几座热闹的村镇，晚间停于一村中，居民飨我们以盛宴。夜宿村内。星期日续行，途中曾在帖木儿所建之宏大的迎宾馆内，稍作歇息。馆内为我们备下肉食、酒及水果。

星期日，晚间又登程，夜宿河岸上。星期一越过高山峻岭，山间却有一所建筑得很富丽之房舍，我们即在该处用饭。此房系由砖所砌成。屋内镶有玻璃。本日所过的山峡，极为狭隘；其窄处，似乎人之两手可触到，而两边巉岩峭直，不可攀援。不过路面尚为平坦，岩顶上有一座村落，此处名为铁门，[①]乃东西方往来上必经之咽喉要道，他处并无通路。因之，此处山岭，为撒马尔罕最坚固的屏障。

凡自印度或阿富汗一带来者，皆由此口经过，以赴撒马尔罕。其欲赴印度者，亦非自此地出口不可。铁门之管辖权，握于帖木儿手内。来自印度之商客，每年经此所缴纳的税款数目，在帖木儿政府之财政收入上占重要地位。

帖木儿汗国内之里海西岸上打耳班(Derbent)[②]铁门，现归伊朗辖管。该处系自鞑靼斯坦赴伊朗之要道。同时自伊朗来撒马尔罕，亦必须经过该处。撒马尔罕附近之铁门及打耳班铁门，两者之间，相距约1500[③]程，帖木儿为此广大领域上之统治者。他自撒马尔罕之铁门收入巨额关税，同样亦在打耳班铁门收大笔税款。打耳班为一广大之区域，素称为西铁门；无疑的，西距西班牙较此间为近。东铁门亦称为替尔米兹铁门。

我们所居停的房主，赠走马一匹以代步；此地所产马匹，既驯良，又俊美。不过此间岭上童山濯濯，不见树木。据居民所传，号称铁门之峡道，昔日确有铁门。当其关闭之时，人马难以飞越。彼时过关之人，皆须事前得到特许，现在铁门已经撤除。

星期一过峡，晚间宿山麓之下。次日续行，不久，见有察合台人帐幕，于是进内休息半日。晚上又前行，遇连亘不绝的山岭，遂即仰天而卧，休息几小时。起来再行，夜半抵一村。村民为一队人备饭食，遂宿村中。随员阿洛芳之仆役一名，死于此村。次日，8月28日(星期四)，行近开石[④](Keş)城，城建于平原上，四周流水环绕，多果林、花园之属。

夏季，此处风景极佳，土地肥沃。有各种农产品，所产棉花，品质最为优良。城郊四围，到处皆是花园果树。开石城之四面，各有硐楼一座，系就地建造；帖木儿本人，即系开石人。其父名塔剌噶(Taragay)首居此地。现此城内在建筑中之富丽楼房及宏伟的伊斯兰教礼拜寺皆系奉帖木儿之命而建筑。不过工程至今尚未完成。有一座寺为帖木儿的父亲之陵墓，他曾命人在其父亲之旁，预先修造自己之陵墓。⑤

据人讲，帖木儿于一月之前，路过此间时，对于预修的陵墓之形式，表示不惬意，认为墓门过低，曾命监修人员，将进门处加高。此座寺内，尚有帖木儿之长子只汉杰儿(Cihangir)之墓。寺之外表，庄严宏丽；内部墙壁，皆用金碧色琉璃镶砌。

寺之前院，每日宰羊 20 头，施散贫苦之人，此种布施是为帖木儿之父及其子名义而散的“塞得盖”(Sadaka)。开城当局，曾邀我们去观光礼拜寺，并为我们打扫出一座都丽之行宫，作下榻之处。

次日为星期五，又承引导参观一座正在建筑中之行宫。此宫之修建已近 20 年。宫门高大，入内则见两旁庑廊皆镶砌金碧色之琉璃，两边各有客厅一所，满地皆铺以蓝色瓷砖。厅内专为接待觐见帖木儿者暂息之用。庑廊尽处，迎面一座屏门，屏门后面是一座大方台；四面围以华丽之栏杆，台上用云石墁地，中央辟有水池。

走过这座长约 300 步之高台后，抵第二道宫门。入内，宫门两厢壁上亦镶有金碧色琉璃，迎门壁上，绘有太阳及狮子图徽；同时在其他谷墙壁或栏杆之上亦绘有同样之图画或徽式。据谓太阳及狮子图为旧日撒马尔罕大汗之徽志。此宫之前半部，可推断为旧日所修建；后半部是帖木儿手内所修，我们由所遗存之前代大汗的图徽上，可以证明此点。

按帖木儿的图徽为一方框内，排列三圆环，其形式如下：

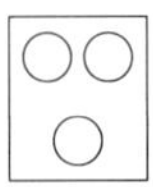

此徽的含义，是表示帖木儿已占有世界上四分之三的土地。图徽不仅铸在货币上，并且绘在各种建筑物上。所以到处可见此徽。由此可以推断开石城内之行宫，绝非由帖木儿所始建。定为旧日大汗所遗留者。至于帖木儿所用印玺上的图式，亦为一方框内有三圆圈。帖木儿辖境各部落及藩属所用之货币上亦附加三圆圈之徽。

进入第二道宫门后，迎面为一座四方形大殿，此殿系专为延见臣属及使者之处。殿内四壁镶砌金碧色琉璃，天花板上装点有金星，殿后宫房衙署之多，不可胜数。房顶皆覆有耀目之琉璃瓦。为了篇幅起见，不再逐一详述。不过此宫中之任河建筑，皆有值得详加观赏之特点。其富丽堂皇，以及匠心经营之技巧，虽使巴黎之有经验负盛名之技师来此一赏此宫之都丽，亦将惊服不置焉。

再前进至帖木儿之内宫参观，此处建筑之华丽，可以叹观止矣。无论墙壁、地面、或是天花板，皆费尽心思，争奇斗胜。现下仍然有若干工匠在施工。帖木儿与诸宗王、太子等会食的大厅，其地方极其宽敞，而设备讲求。厅后即为大花园，园中栽有浓荫蔽日及果实累累之树木。树木种于小溪两旁，溪内有喷泉。花园面积广大，足敷多人游玩休憩之用。树荫遮天，虽在盛暑，亦不感天气之热。

宫内建筑之华丽及宏伟，苦乏妙笔以描绘其实况于万一。目下此宫及前述礼拜寺之工事，仍在进行中。帖木儿建设此间的意义，其一为纪念其父，再者其本人又诞生于开石城，自然要将故乡极力点缀一番。

帖木儿虽然诞生于开石，其先世，并不居于开石。帖木儿系出察合台族。察合台族世居鞑靼斯坦，及成吉思汗侵入鞑靼斯坦时，此族人方作迁徙。不过此话甚长，到后面再提。本书屡次提到的察合台人即系此族，所过为游牧生活。

帖木儿之父，系出望族，并且与察合台族人有亲属关系。起初由于劫盗起家，部下有骑者五六人；后来弃去山野间之生涯，来居城市，乃择开石城附近之某村落居下。帖木儿少年时，仍操父业，部下也有骑者四五人，专作剪径生涯。下面我们所述，皆根据于开石所搜集之材料，及沿途各城市所听到之传说而写成。

据传帖木儿起初作强盗时，手下不过骑者四五人，今日抢羊，明日劫牛。每次劫来之物，携回村中，烹羊宰牛，大举飨客，招致亲朋好友享用。凡有所得，莫不俵分与各伙伴。因此帖木儿之伙伴日益增多，不久即增至 300 余骑。帖木儿之部下日夜四出打劫，见物即劫。所得之物，大家俵分。以此势力遍于各要道，或自往来客商上，强抽税捐，如是者不久，撒马尔罕之苏丹，已接帖木儿所作所为之详报。[6]

苏丹既闻辖境内居然有强盗存在，于是立命严剿。捉到即予斩首，格杀勿论。虽然命令如此，但苏丹属下不乏察合台族贵人，闻及此讯，代为缓颊，乃将其招抚。帖木儿亦曾入宫为苏丹执役，并定居撒马尔罕城内。当年为帖木儿求情之人中，尚有两人在世。现已成帖木儿之至友，位在弼辅之列。其一名奥麦尔·突班(Ömer Toban)，其一名卡拉得·筛海(Kaladay Şoyh)，皆具有相当权势。

帖木儿在宫中执设之际，已有觊觎苏丹大位之野心，因此引起苏丹对他采取严厉之处置，撒马尔罕苏丹已经下有处决帖木儿之命令，但帖木儿之至友私下将消息透露与他，竟得从容脱逃，召集旧部，重新营起劫盗生活。某日曾洗劫一大商队，获得大批财货。于是引起越境南下至西斯坦(Sistan)一带，抢劫羊群马匹之野心，因其地牲畜甚伙也。

帖木儿所率领之部属，总计500余骑。西斯坦人探明其数目之后，乃定歼灭来寇之计。某夜，帖木儿正率部盗取羊群之际，遭西斯坦人的痛击，帖木儿部下死亡甚多，其本人除坐骑为人击毙外，右足亦受重伤。帖木儿以此抱恨终身，因为右足残缺，人遂称之为跛帖木儿焉。

帖木儿之足部既伤，而右手亦受有伤损，右手上之两小指亦告残缺。西斯坦人以为帖木儿已死于此役中，因将其弃于死尸堆中而去。帖木儿自己爬行牧羊人身旁求助，直至伤势痊愈之后，才离开其地，转回村来，从新集合部众。

正当此时，撒马尔罕之苏丹地位动摇，臣民离叛，尤以部将怀贰为甚。撒马尔罕境内甚至有拥戴帖木儿以与苏丹争位之流言，倘苏丹不纳部属意见，立刻有被推翻之虞。某日苏丹于撒马尔罕境内巡游之际，突遭帖木儿之袭击，苏丹之扈从既死，苏丹本人亦逃上山去。迎面见有来人，苏丹请其引往一隐匿处，并允事后酬以重金，谁知此人，将匿苏丹之处告帖木儿，苏丹即因此被害。

帖木儿既杀苏丹，于是入据撒马尔罕，并纳苏丹之妻为后。此妇人，现在仍为帖木儿之正后，称为“大夫人”。“大夫人”愿人称之为"大王后"或"大皇后"。[7] 帖木儿自据有撒马尔罕时起逐渐收复呼罗珊全境，而呼罗珊之得以迅速占有，则由于其地之统治者，兄弟二人互相攻伐，帖木儿便乘机收集二人之部下叛将，而用以收服呼罗珊全境。帖木儿帝国之基础，其建立之经过如此。

帖木儿多年以来，即与名沙乌可（Şavko）者结为盟友。沙乌可为察合台族宗王，素以勇敢著称，帖木儿以妹妻之，并畀以宫内要职。帖木儿之妹，生子名知汉沙（Çihanşah），此人现任全军统帅。知汉沙乃帖木儿以下最有权势之人，在帖木儿军队中树有深厚之势力；全军上下对之极为拥戴。

鞑靼人之来撒马尔罕，以及察合台族成立之经过，现在无妨加以叙述。13 世纪初，鞑靼境内有一大首领名成吉思汗，其字训为"世界[8]之宝库"。此大汗曾吞并亚洲西部之泰半，殁后遗子四人，即术赤（Juji），察合台（Çağatay），窝阔台（Ogatay），及拖雷（Tuluy），四人乃亲兄弟。成吉思汗生前已将所占领之土地，划分与四子。察合台所领之地，则包括撒马尔罕在内。

成吉思汗曾严切嘱咐各子，互相爱护，万不可自启衅衅；自相征伐，定招大祸。察合台为人果敢、严厉、而头脑顽梗，同时嫉视各兄弟，因之不久即与弟兄间发生冲突。撒马尔罕城某将，乃将察合台杀害，倾向察合台之臣属，亦遭清除。乃由撒马尔罕之某将继任汗位。不过察合台之后裔子孙及本族，仍能繁衍此间，皆拥有相当的资产。[9]

星期四，留于开石城，星期五午后动身，夜半在道旁一村住宿。星期六（8 月 30 日）行抵帖木儿建于河岸上之华丽行宫。入内停息。行宫后院有宽大而美丽之花园一座，午饭即开于花园中。饭后续行，至晚间，停于一大村内。此间距撒马尔罕城只15里，村名麦塞尔(Meser)。一路上，任导引之米儿咱·包咱，即于此处辞别，按理，既然行至此处，续行入撒马尔罕城，已然不成问题，但入城之事，尚须候帖木儿之命。

米儿咱·包咱已预遣人向帖木儿报告使团已到之消息，次早帖木儿之差人来寓命使团准备入城。全体人员连同埃及专使在内，将一齐被召见。于是全体集合于麦塞尔之花园内，等候引见。届时将有礼官来导引前往。

8月30日移至预定之花园内候命，花园长约10里；其中遍植果树，有水池6座，随地可见流水淙淙；路旁树木，浓荫蔽日，各处之道路，四通八达。园之中央，堆有假山一座。山势高峻而山顶平坦。各方之建筑，闪耀夺目。所修之亭、阁、台、榭，莫不争奇竞妍，墙壁之上多镶砌金碧色琉璃。前面曾提到之假山，四围引水环绕，凡欲登山者，须先过一通路，而后拾级而上。园内畜有羚羊多只。

花园之后，则见一片葡萄园，其面积之广阔与花园之大小不相上下。葡萄园与花园之间，隔以长列树林，有此陪衬，其景色益觉明丽。葡萄园，名塔立厦(Talicia)，花园名哈罗维特[10](Halvet)。停居花园之际，所有饮食休憩之事，皆有人招待。又为我们在溪头上建起一座帐幕。使团在此，直歇到9月4日。是日帖木儿族人一位宗王来告，帖木儿正在延见金帐汗国脱克迷失的专使，因此我们的觐见，还要后延数日，帖木儿命盛宴款待。礼官宰羊若干，加以烤烧，又杀马一匹，治备米饭以作使团馔食。

宴会之后，来使以帖木儿名义赐本人帽一顶，绣金哈达一方，马两匹。候到9月8日，帖木儿来命入撒马尔罕城，按此间习惯，使臣于觐见之前，先领受若干日之恩赏款待，使臣愈被重视，所受款待之时日则愈长。

---

① 原注：阿剌伯及波斯学者于地学书上曾论及铁门(Demirkapr)，阿剌伯语称之为巴布·哈底德(Babü hadid)。波斯语称之为带儿斑底·阿黑南(Derbendi Ahenin)者，即为此地。

又钧案西域古地考上，亦曾述及铁门，谓"康南距史150里，史或曰佉沙，曰羯霜那，居独莫水南，康居小王苏薤城故地，西150里，距那色波(尼沙波)北200里属米。南400里吐火罗也。有铁门山，左右巉峭，石色如铁。为关以限二国。以金锢阖"。北即西游记之碣石铁门。西域记亦谓羯霜那国东南，山行300余里，入铁门。两旁石壁，其色如铁。既设门扉，又以铁锢。多有铁铃，悬诸门扇，因其除固，遂以为名。明史：渴石在撒马儿罕西南60里，又西300里，大山屹立，中有石峡。行二、三里出峡口，有石门色如铁。番人号为铁门关，询之西人，昔诚有门，今则无矣。——元史译文证补27卷，407页。

② 钧注：Derbent旧译名打耳班，译义为"门"，盖里海西滨，北踰高喀斯山之要道。古时波斯于此筑墙，阻高喀斯北部族来扰之路。如中国之长城。打耳班其通行之地也。今西图曰得尔奔特，哲别由西域北征阿速，欽察，即由兹路。元史所谓绕宽田吉思海，展转太和岭，即为高喀斯山也。元史译文证补26卷卷下，389页。

③ 钧注：原义为1500程(Fersalı)，每程之长，按中国里数，计约10里。此种计算方法，冯承钧氏于其所译之多桑蒙古史附语上，亦有同样之意见。至于铁门关与得尔贝特之间，绝无15000里之遥，恐原文"程"字系"哩"字之误。

④ 原注：开石(Keş)于12世纪之时名菜城或绿色之城云。

又钧按西域古地考谓："……碣石，渴石佉沙，羯霜或称史皆一音之转，居独莫水南。"——元史译文证补27卷卷上，407页。

⑤ 原注：实际上，帖木儿死后，并未葬于此城，其陵墓在撒马尔罕。

⑥　原注：此处所指之苏丹，大约系指苏丹爱密耳·胡辛（Emir Hüseyin）而言，按爱密耳·胡辛自1360年至1369年曾为撒马尔罕之统治者，辖有东起河中（Maveraün nehi）西至呼罗珊之地。此境自1227年成吉斯汗死后，曾划其次子察合台，并以撒马尔罕为汗国之都会；察合台之后裔袭任汗位约50年之久。于1346年，乃于察合台人之哈赞汗（Gazan）朝继位。哈赞朝中曾有一部长入继汗位，胡辛即此部长之孙，其先曾以巴里黑（Belh）为都，胡辛汗曾以女妻帖木儿，然终不免于1369年被其所杀。

⑦　原注：帖木儿之幼子沙哈鲁，其母名麦黑里班（Mihriban）者，为察合台人哈赞汗之女。1369年胡辛汗失败之际，此女正在内宫，不知即系此后否。

⑧　钧注：成吉思汗称名之义，其说不一；有谓称"坚强"之义，吉思为多数，言众汗之汗也。一曰："成"大也，吉思最大也。一曰：即"天子"之义。别有蒙古人云：即位时，有孔雀飞至，振翅有声，似"成吉思"音，故以定称。萨囊薛珍云：有鸟鸣声似"成吉思"，鸟集方石，于石中得玉印，印背有龟龙形。一曰："成吉思"即"腾吉思"，言"海"也，拉施特修史则有释义，其言曰："成"为"力量坚强"，吉思为多数，当王罕灭时，阔阔出即创此论，迨虎儿年即位。以古儿汗曾为扎木哈窃号，不逾时即败，故废古儿汗不称，而从阔阔出之言，称"成吉思汗"——元史译文证补卷1下53页。

又法人伯希和氏有成吉思汗名号之考证，载于亚洲通报，亦可供参考。

⑨　钧注：关于察合台之为人，各书皆载其性严，而持法不阿。故成吉思汗命之掌管法令。但无嫉视各弟兄，及发生冲突之事，其弟窝阔台之得继任大汗，乃由彼之推让。且其弟皆尊敬之，有大事必询其意（见多桑蒙古史217页）。而察合台嗜酒，与其诸兄弟同。窝阔台死后，察合台与诸王共议决奉皇后秃剌乞纳监国政，不数月，察合台死。其得疾时，其亲信臣为突厥人共其波斯医诊之，及察合台死，察合台之一妻，名也速伦者执此二人杀之，并及其弟，察合台后人君临突厥斯单，河中之地，迄于14世纪中叶，因君位之继承，内乱时起，为帖木儿灭（见多桑蒙古史220页）。

⑩　原注：塔立厦一名之意义，不得其解，西班牙原文上为哈罗维特（Holvet）之字，原为Colbet，此字或许为Gülbe或Gülbağs之字，按Gülbağe意为"玫瑰园"，英译本上则为Holnet之字，其意为"别墅"或"游憩之所"云。

第十二章　撒马尔罕(一)

9月8日(星期一),离别多日以来所居之花园,穿行一片平原,进入撒马尔罕城。此城四周,有园圃及住宅环绕。城中辟有街道及广场,街市之上,百货杂陈,帖木儿居于距城较远之宫内。使团一行人于早晨9时,行抵宫前。宫墙之外,即为御花园。宫门前有迎宾馆舍;使团一行人,即在该处下马。有宫内二贵人迎上前来,将贡品接收过去。此二人为负责装饰贡品之官员,预将各地贡物加以装点妥当,再行敬呈帖木儿,我们当将贡品逐一点交。埃及专使亦将苏丹献来的贡品同时点交。

贡品清交之后,招待人员,在使团每人之左右,用肘搀扶我们过一高大之宫门,进入一座花园。此间影壁,皆由金碧色琉璃堆砌而成。园门之前,立有执兵器之卫士看守,因此凡人不得随便入内。园门之外,两旁道上来看使团觐见之观众,遮山遮海。

行入花园之后,见有大象6只;象背之上各架木楼一座,木楼前插有旗帜二枚,楼内有象童导大象作种种舞蹈,并演出许多引人发笑之把戏。使团一行人员一面观玩,一面前行,行至点收贡品之官员前。此时各项贡品之装潢,已然与前大不相同,已被装点成极其完美之形式,分由宫内员役以手捧持,我们至此,稍作等候,因入宫觐见之事,尚须报告宫内高级官长,由其引导。不久有高级官员走来，穿肘扶掖我们前行，帖木儿从前在安哥拉派往卡斯提亚之专使，现亦在我们一队中，因所著之服装与我们一式，所以引得其同事大为发笑。渐渐行进，至宫内大臣之前，此人为帖木儿之妹婿，年纪已经很老。坐于一高座上，各人对他极端敬重。

此时从一座便殿中走出几位王孙，据说皆系帖木儿之孙，我们当进前向之施礼致敬。王孙索西班牙国王上帖木儿的书表(name)，其中有米兰沙之子，王孙哈里勒·苏丹(Halil Sultan)将表接过，送到里面去。其他几位王孙追随在后，在此又候片刻，最后有人召我们入内，向前再进一层殿；殿门之高大与外边之宫门相仿，帖木儿自己端坐在殿内之宝座上。

帆木儿面前为一座喷水池，池内红色金鱼，游来游去。池之中央，有喷泉，泉水喷高如柱。帖木儿之宝座，上铺裀褥，后背垫以靠枕，坐褥及靠枕皆绣有花纹。帖木儿身披素缎袍，头戴一顶白色高帽，帽前缀以宝石，石旁也有珠玉。望到帖木儿在上，我们立刻双膝跪下，两手交叉附在胸前，俯首敬拜，起立向前行一步跪下，再拜，再向前一步跪下。帖木儿命我们站起近前，此际一路上作导引之官吏，皆远立在殿外。因此辈官吏，不得走近帖木儿之前。

帖木儿座前有侍卫总管三人：一名沙麦立克·米儿咱(Sahmelik Mirza)，一名布隆大·米儿咱(Burunday Mirza)，另一名努里丁·米儿咱(Nuriddin Mirza)。三位总管立刻迎接过来，以肘扶掖我们走至帖木儿座前跪下。帖木儿又命我们站起，走近其面前，帖木儿因为年老，目力不济，① 所以命我们临近，以便看得清楚。

按此间没有吻手之礼，倘有吻及尊长之手者，皆认为失礼。所以帖木儿不曾伸出手来容我们一吻。帖木儿先问西班牙国王的健康。其词为"我儿,西班牙国王的健康如何?"我们当代国王问候其康健,随后致词,陈述来意。当我们陈述之时,帖木儿倾听,及闻言毕,转头与趺坐中之大臣讲话。据后来有人告诉我们,与帖木儿谈话之大臣中,其一为鞑靼斯坦汗脱克迷失,另一位是撒马尔罕省长,系察合台族之宗王。其余皆系皇族中人。

向他们讲完话后,转过头来讲道:"此人即是我儿,西班牙国王所遣来的专使。西班牙国王,为富浪诸国中最大之国王,最富强之民族,且为一有名之国家,此次来觐见,我将答以诏书。西班牙国王只奉来表文即可,无须乎献纳贡品,只将其安好之消息传来,即足使我解慰,此外我对之别无他求"云。

卡斯提亚国王命我们赍送之表文,现握于帖木儿手中,随员阿洛芳庇斯及通译一同近前,由阿洛芳庇斯读原文,通译在旁译出。读毕,帖木儿谓:"将来需要再读一次时,仍将召阿洛芳庇斯前来,"等语,我们此时起立,有侍役引至帖木儿御座之右方座位上。此座先为中国[②]帝国(Katay)之专使坐[③]处,中国专使来此之使命乃向帖木儿催纳欠贡,帖木儿之左右原曾考虑到我们应坐之地位问题,近侍将我们排列在中国专使的下首。但帖木儿不愿我们坐在下首,命移坐上首。落座之后,有王公一人走向中国专使之前,传帖木儿之旨:"帖木儿现与西班牙国王亲善,帖木儿待之如子。视中国专使如敌寇,为帖木儿之敌人,今日特引见西班牙使团于中国专使之前者,即以示帖木儿不悦中国之意。关于帖木儿与中国之交涉,应俟其恩典,不日将予解决。但今后中国无须再派人来此催索贡赋,因此种种,帖木儿已将对中国专使之恩赐宠遇,转赐与西班牙使者云。”王公传命之后，帖木儿又命通译将原文转译给我们听。④

中国皇帝名九邑斯汗(Çayis Han)，其意为：“统有九邦之大帝”之谓。鞑靼人则称之为通古斯⑤(Tanguz)，其意为：“嗜食豕肉之人”，昔日帖木儿对中国称臣纳贡，现在则拒绝之矣。⑥

当坐于帖木儿之下面后，曾见有不少的使臣，来自各国，聚于汗廷之上。同时，帖木儿有声望之臣属，我们也曾会到。不久，即有内侍排起宴席，所列馔食，皆以羊肉及马肉为主。分盛在带柄的巨盘中。帖木儿每吃一道菜后，其面前之菜盘，立刻撤下，另有新菜端上。惟菜盘既巨大，而所盛之菜食又丰富，所以侍者抬举不动，往往就桌面上推过来。帖木儿所吃之肉食，皆由内侍在旁切割，侍者跪在巨盘之前，持刀将肉食切碎；其前身皆着有罩衫，两肘上带有皮袖套。

所切之肉块，分别放在金银盘内，此类菜盘之价值皆极贵重。鞑靼人素以马肉为上品。其上菜之法，系先在金银盘内分别放置羊、马肉排成一列，再加满肉汤，遂即按人分送面包。如此准备好之后，在座之客人，每二人面前，放置盘一只。帖木儿为厚待使团，所以命人在我们面前摆上双盘；盘内之菜食尽，立刻又添满，最后剩余之食品可以携回食用。倘若违反此例，则在席上为失敬。因此，我们在每盘菜食毕后，即将菜盘交与随从之仆役。倘随从仆役，当真将每盘内剩余菜食皆携回寓去，则其量之多，足敷使团人员食用半年之久。

饭后，又捧上果品；我们选择葡萄、甜瓜、及桃子等为食。又见捧上金银盏，其内贮满甜味之马湩。此为夏季最可口之饮料。御前宴会既罢，帖木儿将所赍来贡品，当众拆阅。埃及苏丹所献的贡品，亦同时送来。继又见有名马300匹，在殿前牵过，此为某宗王所敬献之礼品；如此逐项于我们面前表演过后，宫内人员引使团还寓所，并派王公一人任招待我们之礼官。

礼官对于使团之饮食起居，以及一切事务，皆极周到，可称为无微不至，使各人之生活上感觉安适。其本人为帖木儿之宫门官，掌管外来使节食宿之事。此次奉派来招待我们，由其导引，我们得于华美之花园内下榻，此处距离帖木儿之皇宫极近。据云：帖木儿在我们返寓之前，便将西班牙国王进献之贡品阅过，并且表示满意，曾自贡品中剪开一匹红色衣料，分赐与诸夫人作衣料；其中之一大段，则赐与大夫人。帖木儿此时与大夫人同居于宫内。

本日帖木儿尚未将埃及苏丹所献[7]之贡品过目，因此埃及之贡品仍原封未动，大约3日之后，方才拆视。因帖木儿习惯如此，一件贡品，未经视阅，须候至3日后，方再过目。

帖木儿第一次接见我们之花园及皇宫名底来库沙[8](Dilkü-şa)。花园之内外各处，皆立有素缎帐幕。他接见我们之后，继续在园中住了若干日，又迁往其他附有美丽花园之皇宫居住。

其宫内之工程，尚未完竣，已经命名为巴只那耳(Bağeci-nar)[9]。帖木儿在9月15日(星期日)又往另一去处住。虽然如是，此宫之都丽华美，亦可称为讲究万分。

帖木儿曾在此园之中赐我们以盛宴。参加宴会之人尽系大臣及贵妇。园内庞大而广阔，其中盛植果树。林木之中，辟有宽路。路旁铺以绿草，园内遍张天幕，借蔽烈日。缎幕之上，间或有锦绣。

御花园之中央，有十字形之寝宫一所。宫内之陈设布置，自极富丽。壁上悬名贵之地毡，宫内正面3间，皆为寝宫。有绣花之门帘悬于门口。门帘之高约一人身长，其宽有3人之臂长。宫内之床上，铺有绣花裀褥，帖木儿常宿于此间。宫内之四壁，悬以丝幔，颜色取玫瑰色。其上有锦绣及宝石珍珠之属。天花板上悬有绿涤带，微风入室，绿涤飘荡，使宫中增加无限美趣。寝宫之入门处，有上罩挂帘之屏障一座，其帘悬在一根缠有绿线之棍上。此宫之两厢，其陈设大致亦如此。地面上皆铺有薄席及地毡。

寝宫之前，十字口上，放置金质长桌两张，桌为纯金所制，其长约5尺，宽约3尺。桌上陈列纯金酒壶7把。其中之两把，镶有珠宝，壶盖系红宝石所琢成。其旁有酒盏6只，其一之边缘处，镶有珠宝，并以颜色鲜艳而有两指宽之红宝石为里。

帖木儿在此间所排之御宴，亦曾召我辈参加。是日通译未能及时赶到，以致有误赴宴之时。及进入宫内之际，帖木儿之宴已罢。帖木儿以此宴专为我们而设，对于耽误我们赴宴时间之通译，责骂甚厉。

当有帖木儿御前侍卫，将通译提到。帖木儿见之，大为震怒，谓：一切延误责任，皆应由其负之。命人刺穿其鼻，拴以丝绳，引之流放远方，以作玩忽职务者戒。左右立将通译之鼻捏住，即将行刑。嗣经帖木儿面前大臣代为哀求赦免，通译方自临刑之时遇救。

我们虽然因迟到而误过宴会，但宴后之娱乐，仍被邀请参加。又有内侍送来羊两只、酒两瓮。是日不幸，未得及时赶到盛宴，失却良机；闻宴上曾有在朝之重要人物全体参与，并可借此机会以观光内宫，因帖木儿已特准我们瞻仰各宫殿之华丽建筑，欣赏御花园之景色。

9月22日(星期一),帖木儿离开底来库沙宫,又赴一宫居住。此宫亦位于一座庞大花园之内。园墙高峻,四角建有戍楼。园中央有十字形之行宫一所,宫房之四周为池水环绕,花园布置之美丽,为他处所未曾见者。宫室建筑上之讲求,亦超乎寻常。以上所述之宫殿及花园,皆位撒马尔罕城外。最后所述及之行宫名巴奈维(Bağenev)宫。帖木儿在此宫内,亦曾赐宴一次。参加此宴之人甚多。帖木儿在宴上,特许各人放量痛饮,因其本人亦将饮酒。据云此间无论何人,若不得帖木儿之特许,一概不准饮酒,无论公开宴会上或私下之聚饮,皆所禁止。按鞑靼人的习惯,饮酒皆在饭前,饮时颇迅速,于是酒醉得亦快;宾客饮酒而未醉,好似对主人不恭。

宴会上奉酒之内侍,皆跪于与会之人前;举盏奉敬,宾客饮干之后,立刻再敬满。侍者偶有疲乏者,则由其他侍者,换班递充。每盏以一次饮毕为度,一次不能饮毕者,则侍者不再将酒敬满。每位客人之前,有侍者二人服侍。凡参与宴会之人,不得拒而不饮;拒而不饮者,据谓即表示对赐宴之主人帖木儿大不敬。

每次捧盏欲饮之前,先祝"帖木儿健康",或"帖木儿在上"之词,然后一吸而干。凡能依此形式而豪饮之人,皆被誉为"巴图鲁"(Bahadur),训为"勇敢而有豪量之人"。

今日早晨,帖木儿遣人送来酒一大瓶,其意,在使我们于赴宴之前,即预先饮下酒,以免在席上,有饮酒不足之感。帖木儿本日之盛宴,我们亦蒙召去参加。酒后用饭;饭罢,由宫内高级官长捧来银盘一只,盘内满盛银钱,[9]帖木儿取之以抛撒在座各人之身上。盘内所余之银钱,皆由内侍塞入我们袋内。又取来哈达,赏赐各人。临行辞出之际,又命我们明日进宫与帖木儿共食。

9 月 23 日,帖木儿又移往他宫,此宫距底来库沙宫不远。帖木儿在此间排下盛宴。赴宴之人,多为军中重要将领。使团人员亦承其邀往参与。此宫及花园之壮丽,不下于其他各宫。本日帖木儿精神愉快,饮酒甚多。赴宴之人,皆解怀畅饮,菜食亦极丰富。其中以马肉及羊肉烹调菜食为多。宴罢,一齐向帖木儿谢辞,返归距离此宫不远之一馆舍内休息。本日参加宴会之人,数目过多,园内几乎容纳不下。正在园内饮宴之际,烈风吹来,灰尘俱至。我们从首至身皆落有灰尘。

以上所述之各宫及花园,皆为帖木儿之所有,散处于撒马尔罕城外不远之地。禁宫之后,有河名载立夫珊(Zerefşan);支流数道,分注各处。

帖木儿最近在平原之上,建起营幕,调来大军,屯住于此。帖木儿及其妃嫔,也将移住大营内。大军已经陆续开至。各部落皆按照所指定之方位,安立营寨。现在各军士卒,正忙于安营。上自军中主帅,下至各营士卒,皆忙于安置自己之帐幕,了解各部落之位置。近三四日中,已建立帐幕 2 万座云。

帐幕之间,曾见有许多随营饭馆,及肉店多处,并已开张营业。此项商贩于士卒之间,转来转去,卖熟肉及烤肉;并有出售饲马之大麦,亦有售卖果品者;面包师升起面包炉烤制面包,其他百工杂艺,莫不忙碌于其事务。浴池之伕役,修好热水池,以木板围起浴室多间。经营生意之人,亦在大营内,立有帐幕。为便于众人寻觅起见,各行生意,皆就指定地址设肆,此际各人皆忙于自己之营业。

帖木儿指定一座位于花园内之房舍,作使团人员馆舍。其地距离大营亦不远,同时,距帖木儿之花园极近。

9月29日，帖木儿自大营返归撒马尔罕，行至城门附近某别墅内驻下。城边之别墅，皆为大夫人之玩赏而建立者。大夫人之母，最近逝世，即埋在距别墅不远之处。上述谷别墅，倍极宏丽，其宫室之间，彼此远远相隔。不过其内部之建筑工程，仍在进行，尚未完成。

帖木儿至别墅之后，又设盛宴，曾邀我们作陪，因有新至之使臣，特为款待之。新来使臣之中有一系来自邻近契丹(Katay)境者。昔日其地，亦隶中国之疆域内。

新至之使臣，各人服装之式样，与众不同。使团领袖，身着翻里大皮袍；皮袍已旧，毛多脱落。头戴之帽，有带连系于胸前；帽口奇小，大有在头上戴不住之势，因此用帽带绊系胸前。使团随从人员之服饰，大体如此，一律身披皮袍；倘将其服饰加以正确之描画，则与方离开火炉之铁匠的打扮相似。

新来使团所携至之贡品皆为珍贵之皮货。使团中人，皆为基督教徒，此次来觐见帖木儿之目的为请求派脱克迷失汗之族人往治其地。

当日进宫之际，帖木儿正与赛夷[10]族人作象棋(Satranç)之戏，所谓赛夷族人者，即指圣裔，或称为穆罕谟德之后人而言也。所以当时帖木儿并未点视新使赍来之贡品。

10月2日(星期四)，帖木儿又邀赴一花园内参加饮宴，此花园为负责伴随我们之宫门官所管。使团自从到此地以来，负责招待之礼官即奉帖木儿之命，按招待其他富郎人[11]之例，每日备酒，以供饮用；不过我们于帖木儿之前，不惯用鞑靼式之饮法，此事为其明悉之后，所以特准随便食饮，不必拘泥当地习惯。今日席上，又宰马、羊各10匹，以作丰富的馔食。饭后，又赐金锦的哈达多方，走马各人一匹。上述所赐之物，皆出于帖木儿之恩赏。

---

① 原注：此时帖木儿年已七十矣。

② 钧注：中古世纪西域及欧洲各地多以契丹称中国（可参阅中西交通史料汇编卷三）。

③ 钧注：我国与帖木儿之往还，早自明洪武二十年（1387年）即开始，明书载，洪武二十年，撒马尔罕国王帖木儿遣使贡驼马，诏厚赐之。二十二年（1389）贡马。二十四年贡海青，赐敕赍予之。二十七年（1394）帖木儿遣使迭力必失奉表，贡马二百匹，表曰："恭维大明皇帝，受天明命。统一四海，仁德宏布；恩养庶类，万国欣仰咸知，上欲平治天下，特命皇帝出膺运数，为亿兆之主，光明广大，昭然天镜，无有远近，咸照临之。臣帖木儿，僻在万里之外，恭闻圣德宽大，超越万古，自古所无之福，皇帝皆有之。所未服之国，皆服之。远方绝域，昏暗之地，皆清明之。老者无不安乐，少者无不长遂。善者无不蒙恩，恶者无不知惧。今天施恩远国，凡商贾之入中国者，使观览都邑城池，富贵宏壮，如出昏暗之中，忽睹白日，何幸如之。又承敕书，恩抚劳问。使站相通，道路无壅，远国之人民，咸得其济，钦仰圣心，如照世之杯，使臣心中豁然光明。臣国中部落，闻兹德音，惟知欢舞感戴。臣无以报恩德，惟仰天祝颂：圣寿福禄，如天地达大，永永无极。"又洪武二十八年（1395）敕遣给事中傅安等使西域留撒马尔罕。至永乐五年（1407）方由头目哈里令虎返达送安等还，且贡方物，厚赐之，赐安等衣。安等言："帖木儿本元驸马，卒，孙哈里嗣云。"由此可知，自1395至1407年留于撒马尔罕之中国使臣，为给事中傅安等（可参阅明书167卷3303页）。至于侮辱中国使臣之原因，据布哇氏谓："系由于帖木儿梦想统治全亚细亚，自1404年凯旋撒马尔罕以来，他即计划脱离中国之属藩关系，并想使中国归向伊斯兰教所致云。"见帖木儿帝国第八章570页。

④ 钧注：此节张星烺氏根据C. R. Markhan氏之英译本译之如下：

"导大使等至主人房右边，有役人持使者之手，引坐于契丹国皇帝朱四汗（Chuyis Can）使者之下，帖木儿昔尝纳贡契丹，使者盖来责贡赋也。帖木儿见西班牙诸使位于契丹使者之下，乃命改坐于契丹使者之上，而契丹坐于其下，役人传帖木儿之命来曰：西班牙国王，吾之友也，其使者当坐于上，契丹国主为奸恶贼,吾之仇也,其使者当坐于下。自是之后,宴会引见,席位皆当如是。'役人使译官告西班牙大使以帖木儿之命。"见中西交通史料汇编第2册359页。

⑤　钧注:按通古斯(Tanguz)之名,原为土耳其种之雅库特人(Yakut)轻侮其邻族之称"豕"(Damuz,Tumuz)之义也。至17世纪传至俄国,由此复传于欧洲,遂以为亚洲北部住民通古斯之总称矣(见白鸟库吉氏之东胡民族考18页)。

又Çayis Han或Chuyis can之义,张星烺氏之译文如下:

"契丹国皇帝名朱四汗,盖九国之义,唯察合台国人称之为'陶格司','猪皇帝'之义也,朱四汗为大国之主,帖木儿昔尝称臣纳贡,今不肯再纳矣。"同上书。

⑥　原注:成吉思汗于1227年死去之后,由窝阔台继为大汗。再传拖雷为和林之主。至拖雷之子,忽必烈继为大汗,方征服中国全境,时马可孛罗正在汗庭执役。察合台族人之于撒马尔罕者,向有纳贡上都之例。及1370年,明室光复汉土,重主华夏,帖木儿即向之称臣纳贡。至1404年,明成祖(永乐二年)继位,后一年,责其纳贡,帖木儿乃留置中国使臣不遣归,1405年,又举兵东侵中国边境,惟行至兀答剌儿得疾,死于途中。

⑦　原注:据叶泽里阿里(Yezaili Ali)所记载:"帖木儿接见埃及,西班牙公使情形,谓:帖木儿对于来自伊斯兰教国家之使臣,其引见之典礼,尤为隆重云。并谓埃及使臣名曼哥里布哈伊(Mangali Bugoy),此人曾任死去不久之埃及苏丹拜枯克(Berkuk)之宫内大臣云。"

⑧　原注:十五世纪末年之巴卜底来库沙宫(Babür Dil küşa)及巴只那儿(Bagi Cinar)屡见关于撒马尔罕皇帝之记载上。所谓底来库沙宫即位于撒马尔罕之菲卢兹(Firuz)门外之东部者。

⑨　原注:帖木儿所散之钱,据云系唐哥(Tanga)钱(钧案波斯称中国人为唐哥子,或唐家子),系银质之小钱云。

⑩　钧注:帖木儿曾将当时社会之阶级,分为12级。他既然表示信仰伊斯兰教的热忱,所以将赛夷族,传道师,及律士等,列为第一级。可见他对圣裔之敬重(可参阅帖木儿帝国60页)。

⑪　钧注:近东之回教徒向称欧洲人为富郎人(Frank)云。

第十三章　撒马尔罕(二)

10 月 6 日，帖木儿在大营内赐宴，邀我们前往参与。是日帖木儿之各位夫人及其亲属、王子、皇孙、各军将领、鞑靼族宗王等，皆来莅会。及抵大营，见郊外各方皆立有极壮丽之帐幕，大体沿载来夫珊河两岸而建立，其雄伟与壮观，使人惊叹不置。各帐幕间相距极近。多数帐幕，则接连在一处。内部一切，皆敞露在外。

行至帖木儿汗帐之前，导引之人，领我们至一庇荫处稍息。此种荫凉之处，系以绣各色花纹之材料所接成，棚之四角，以线系住同样之棚幕，遍于园内各角落。面前一座高大而有四角者为汗帐。汗帐之高，约 3 根支柱高，自帐之一端至彼端之长度有 300 步。帐顶作成楼式。帐之四周，由 12 根巨柱撑起，柱上涂以金碧之色。所谓 12 根柱者，系指专撑住四周者而言。至于其中，则另有 2 根立于帐之中间。每根巨柱，皆由 3 截凑成；但其凑合极为严紧，望之与一完整者无异。倘须装卸，移动之时，则有形如大车之木台搭来，方能卸下。每根柱头，穿过帐顶，露于帐外。帐内靠近四壁，隔出甬道，每面之甬道，分隔成 4 厢，共用较细之支柱 24 根支撑，总计全帐内用大小支柱 36 根支撑，由 500 根红色绳索系住帐角。

汗帐之内，四壁饰以红色彩绸，鲜艳美丽，并于其上加有金锦。帐之角隅，各陈设巨鹰一只。汗帐外壁覆以白、绿、黄各色锦缎，帐顶之四角各有新月银徽，插在铜球之上；另有类似望楼之设置，高出帐顶，有软梯悬挂其下，可以自此爬出。在平日，各望楼皆用绸盖住。据谓望楼乃预备修理帐顶时，供工人上下上用，万一有烈风将汗帐之任何一部吹坏，或支柱发生倾斜等事，工人则由软梯爬出望楼，加以修整。汗帐之形势高巍，自远而望，俨然一座堡垒。帐内之华美，自然超异寻常；地铺以地毡，设有御座一张，其上覆以褥三四条，帖木儿即坐此御座之上以接见臣属及外来使臣。御座左方，较低之宝座一张，上面亦铺有地毡。再往左而更低处，又有座位一张。

汗帐之四面，围以丝锦，其色不一，上画墙砖形，墙头开有垛口。帐内每边之长，不下300步，其高等于骑马之人。正面辟有大门，上挂缎幕；门幕虽大，但随时可以合闭。门楼位于门口之上，装饰亦华美，此处为开合帐幕之司阍所居之处，人称之为打帘楼(Seraperde)。

汗帐之旁，建有一座极讲究之圆形帐。此帐之支柱，细似枪杆，穿过帐顶，露于帐外。四角由支柱搭起顶阁。支柱皆用绳索绊于木橛上，以保持帐幕之平衡。其能使帐幕平稳，而丝毫不动之技巧，确有令人钦服之处。圆形帐之四周由红布围成，虽不甚美观，不过柱头上镶有银顶，其大小类乎胡萝卜；银顶上尚镶有各式宝石，光华耀目。帐后插有绣旗一列，微风吹动，飘飘扬扬，蔚为壮观。圆形帐之幕门高大，经常关闭，轻易不开。帐幕之上，挂有门帘。

汗帐之旁，另有一座大帐，四角皆由绳索绊住，亦颇华美。其后有四座帐幕，排成一列，搭成一条甬路。由此帐可以通达彼帐，上面有帐幕遮阳。左近尚有其他帐幕多座，兹不赘述。距此不远，另有院落一处，四周用丝幔围起，上绘以金碧色琉璃之画，幔上开辟窗户若干，蒙以细纱，足以防止由窗户出入之物。另一座院落之中央，建有高大帐幕一座，其高度及内部之陈设与前述者相类似。由红绫幔围其四周支帐之巨柱，亦由3截所凑成。帐顶上安置张开两翼之银色巨鹰一只，对面数尺以外，在帐角处，有银色小鸟3只，有惧巨鹰之捕捉，振翼欲逃之神情，头部转向巨鹰而望；巨鹰亦作攫捕小鸟之姿势，所有银鹰及小鸟做工皆极精巧，栩栩如生。帐顶上之此种装饰，似具深意。

汗帐前边的通路上搭有遮棚一节，以免烈日逼射帐外之侍卫。遮棚亦由杂色彩绸结成，随日光之转移而作伸缩，因此汗帐内，终日不觉酷热。

上述之两座大帐，其一为帖木儿之后，或称之为“大夫人”者所居；另一座为第二位夫人，或称人为“小夫人”所居之处。[①]

高大有如上述之大帐者，尚有第三座大帐。其旁亦附有普通帐幕多座，皆由一道墙围在院内。其为遮蔽阳光而搭盖之天棚与大帐相同，只是形式上具体而微而已，一路走向前去，同样之院落共有11座。各院落帐幕之颜色或形式，容或不同，然其外墙，一律以红幔作围，并有遮阳之天棚。各院落间通路之最狭处才能通人。上述各院落，有为帖木儿之后妃所居，有为帖木儿之孙及其妃主所居之处。王孙与妃主等皆效帖木儿之所为，不分冬夏，常年住在帐里。

此外，我们尚见有帐幕一座，上覆绒毡，其后则有4座帐，与此形式相仿。

帖木儿在午后所进入之汗帐，为众帐中最大者。即在该处，召见我们。所赐宴食，多为羊肉、马肉之属，食毕辞归寓所。

10月初之星期二所举行之第二次劳军宴上，我们也被邀参与。帖木儿坐汗帐中，赐食毕，由努里丁·米儿咱(Nuridin Mirza)及沙·麦立克·米儿咱(Şah Melik Mirza)代帖木儿颁发犒赏。

帖木儿所赏赐者为糖饯白果、杏仁及葡萄等，分盛在有托银盘内。盘上加以丝罩。帖木儿本用此以赏赐宫内官吏。后亦赏及我们两盘。临辞出之际，有内侍向我们周身散掷银钱，其中亦不少镶有宝石之小金钱。照例犒赏颁发之际，即表示宴席终了，宾客应该辞出。

翌日，帖木儿于其他之宴席上，又将我们邀去。无如是日风力剧烈，帖木儿留在宫中，未出；而宴席仍命人照开，我们谢过厚恩之后，未候开宴，即行辞出。

10月9日(星期四)，帖木儿的次子米兰沙之妃汗则黛(Hanzade)设宴来邀，宴设在妃主之大帐内。我们走进帐前之际，见帐外列有酒瓮甚多。帐幕内部之陈设，亦极华丽。

行抵帐前，妃主立命人让进。我们于敬礼之后，对面趺坐。帐内有宾客多人，妃主之侍役，概为妇女，其本人之座位背上，放置靠枕数个，时正依枕休息。

本日之宴，为庆祝帖木儿之亲属某人举行婚礼而设。妃主汗则黛年在40岁，面黄体胖。面前陈有酒器，其中除盛酒类之外，鞑靼人所嗜饮的“包咱”(Boza)亦备；此种饮料，系由马乳听制成。妃主之旁有宫女歌唱，奏细乐。当我们入帐之际，妃主与宾客正在饮

酒，妃主饮酒规矩，大致如下：

由宫内齿长位尊之官吏一人及帖木儿之亲族青年王公二人负责向在座之宾客敬酒。酒使每人手捧一盘，盘中之小金盏已注满酒，身后有提酒壶之侍役，在后相随。酒使捧盘至妃主前时，先躬身3次，然后向其献盏，其次向在座各位夫人献盏。

俟饮毕，由酒使再逐一将酒盏敛回，注满酒后，再献饮。如是者数巡，迅速进行，酒盏不停地收来送去。各位夫人不进食物，放量豪饮。有时座上之夫人，亦向酒使劝饮；酒使受到赐酒之时，将盘放在地上，一口气将酒咽下，然后将杯底转向赐酒之人，表示酒已饮干。

妃主所举行之盛宴，帖木儿之大夫人亦莅临参与。大夫人除饮酒之外，又饮“包咱”。饮酒之时甚长，嗣蒙大夫人命我进前，亲自赐饮一杯，我以生平滴酒不曾入口，谢辞。此际帐中在座之夫人，已有多人饮醉。妃主汗则黛与帖木儿系出同族，所以在汗公之前，最受宠爱。有子名哈里勒苏丹，即米兰沙之子，为一年20岁之青年。

10月9日，帖木儿为其诸孙[②]举行婚礼事，特排喜宴，预事庆祝。我们亦在被邀之列。席设在露天。帖木儿之大夫人，也来参与。所食之肉，所饮之酒，皆不计其数。赴宴之各位夫人，亦尽量畅饮。

举行大婚之日，帖木儿曾命人召请撒马尔罕全城之商人、工匠、珠宝商、厨师、屠夫、裁缝，以及其他的工艺匠人等，一律列会。来者皆集合于大军所在之河旁。此辈工匠，商人皆在营旁，立起帐幕，销售商货，做生意。城中居民，已因此迁徙一空，在营旁另建起一座临时城市。

此外尚有献艺者多人,设场四方,以供市民玩赏。与会之人来此后,非奉有帖木儿之命,不得随意走出。因此,所有城内工匠商贩,皆携家带产,迁移至此。

各行各业之人为展览其本行特色起见,或就帐前,陈列所售货品,或搭起作坊、工场,以表演工作情形。全军上下,以及庶民百姓,或游览此临时集市,或往观玩把戏,于欢娱中排遣时光。

帖木儿又命人树起一座大绞人架,于使百姓纵情欢乐中,得见对于不知自爱,以身蹈法之徒,严加惩治。凡犯重罪者皆悬在绞人架上。

首被送上绞架之犯人为撒马尔罕前任省长底纳(Dina),底纳为帖木儿汗国内最有名之人物。6 年前,帖木儿出征之际,曾任命底纳为大法官,继又任之为撒马尔罕省长。

及帖木儿归来之后,闻悉底纳在任内擅作威福,对于人民残忍暴虐,滥用职权,立刻将其逮捕,由帖木儿亲加审问,结果判为死刑,籍没产业入公。

帖木儿执法如此严正,震动此间各界人士,因其能严厉惩治有权势有地位者,如底纳,实予枉法者以当头棒。同时有替底纳讲情者某人,亦被处死。倘有谋解脱底纳之总管布隆大·米儿咱者,也受牵连。布隆大·米儿咱为援救底纳起见,愿纳金 40 万披赞他[3](Pesanta)代赎其罪。

帖木儿首先表示允诺,将四十万披赞他收下,及赎金入库之后,立刻将布隆大加以拷掠,追索其余之财货,至逼出最后一文时,方将布隆大处死。不过布隆大死于倒悬之刑。

又帖木儿出征之前，曾吩咐一位宫内人员，备下3,000匹马。及出征归来，帖木儿侦悉该员违命未备，于是亦将其处死。

帖木儿执法之严，多类乎此。例如，高抬肉价之屠户被处决。其他若鞋匠及工艺人，皆因不守法度，而受重刑。对于工艺匠人所施惩罚，皆在防止他们对顾客过度盘剥；倘若不然，此辈商贩工匠更将任意高抬物价。

鞑靼人中有地位者被处死刑时，方用缢刑。至于一般人之死刑，多用斩首。因此一般人，对于斩首，多认为最耻辱之死刑。

10月13日(星期一)，帖木儿又举行宴会，我们亦被召去。及赴宴之时，汗帐之旁，又建起两座帐幕。其华美，远超乎其他帐幕之上，为向来所未曾见之佳构。其内部之陈设亦极讲求。帐之四角皆有锦绣，其华贵都丽，有出乎意表之感。

帐之四周围以红绸，彩色鲜艳，上加金锦，益增其美观。院墙较他帐为高。幕门之上，架有门楼，其形式较他处者为奇特，帐幕之各门前，皆扎有彩楼，上嵌金锦花彩。门楼之上层，四周开窗；窗上皆挂有一色之窗帘。外墙上所辟之窗户，隔以细纱。院内尚有小帐幕数座，形式亦极华美。距此不远之第二座帐幕，其外墙乃由名“刺桐”④之素缎所围起。其楼阁、墙壁，以及窗户等，皆与前述之帐幕同。院内尚有各形各色之帐幕多座，彼此通连，往来皆极便利。

当日我们拟往观光上述两院内之各帐幕，但未能如愿，因是日帖木儿正在该处大宴群臣。次日我们再临其地，分别参观各帐。见院旁又建起汗帐一座，其雄伟之形势，与帖木儿所赐宴之汗帐相仿佛，不过此帐系由白绫围起，其上有杂色丝绸及锦绣。

次日为候开宴,于入宫院后先就遮阳之布棚下,稍候一刻。见帖木儿之汗帐,及其他帐幕之间,列有酒瓮多尊,其地不许任何人经过。两旁有手持弓矢、腰悬利剑之骑卫守护。凡有行近此间者,无论其为何人,立加殴打。有若干人误过其旁,竟被殴伤,甚至被击毙。死者皆被弃尸帐外。因卫士奉有严命,凡有侵入此间者,格杀勿论云。我们坐候之际,见候谒帖木儿者,颇不乏人。每个布棚之下,列有大酒瓮一只,其大足有60加伦酒之容量。

正在坐候帖木儿莅临之际,忽传来帖木儿之命,我们先往竭新自阿富汗来朝之王孙。此位王孙现任阿富汗总督。帖木儿不见王孙已7年,所以召之来。前二日王孙方抵撒马尔罕。王孙系帖木儿长子只汉杰儿之子,帖木儿所最钟爱者为其长子只汉杰儿。及其故去之后,乃移其爱于此王孙,青年王孙名皮儿·麦麦特(Pir Mebmet)。

王孙住一座红绫帐内。自己坐一矮座上,左右陪坐者多人。侍役引见王孙之时,曾经嘱我们见之应行跪礼。我们依其言于见面时下跪致敬;王孙命坐,并作寒暄。王孙皮儿·麦麦特身着极华美之内服,外披一件素缎上有锦绣之外衣,衣领、胸前、及背后皆有绣花。帽上镶有珍珠宝石之属,帽前缀有大红宝石一块。左右陪坐之人,对之皆极恭敬。

王孙面前有大力士两人,作角力戏。力士上身皆著无袖之皮褡裢。彼时正相持不下,搏斗于前,后以王孙命其迅速收场,所以由其中一人,将对方捉住提起,然后摔倒在地。

当日各国使臣,皆来帖木儿之孙处致敬。青年王孙,今年不过22岁,面显黄色,下颌尚无胡须,人皆称之为小印度王(Küçük

Hindustan Emiri)。但据传说，印度本境上之统治者，为一基督教徒，⑤姓名不详，印度之都会名德里。

帖木儿以先曾与印度王发生战争。⑥起初帖木儿军队败退，乃遭巨象袭击之故，不得不退。帖木儿为驱散此批巨兽起见，命载草之骆驼进入战场，双方接触，即纵火烧草，骆驼背上火起，遂使敌阵中之巨象，四处逃窜。因巨象性畏火，见之即走。据说，象眼睛小，因而畏火。

帖木儿出奇制胜，将印度王击败后，印度大部分土地并入撒马尔罕疆域之内。其地虽多山，然人口辐辏，城市繁盛，乡村富厚，而土地肥沃。

印度国王既败，逃入山岭之地，从新召集兵马，意图与帖木儿再战。但不久帖木儿引兵他去，印度王亦未作追击，现此境之一部，由帖木儿之孙统治；其余之印度大部分，仍由印度王治之。帖木儿所占据之上地，远至大陆南边（即至巴士拉海湾）之富庶而宽大之忽鲁模斯(Ormuz)城，其余土地，则归印度王统治。是役发生在12年之前。

帖木儿所未征服之印度境上之其余部分，有基督教徒居住。居民中虽有阿剌伯人及犹太人等，但皆在基督教徒统治之下。

---

① 原注：由下文所述而知，帖木儿此际有夫人八位，大夫人及小夫人，位列其首。小夫人系大夫人之妹，爱密儿·母撒(Emir Musa)之女。大夫人之父，则为旧日撒马尔罕统治者可赞汗(Kazan Han)。

② 原注：据阿里叶兹歹里所传，此次系帖木儿为6个孙儿举行婚礼。6人之名，为沙哈鲁之子兀鲁伯(Uluğ Bey)及伊布剌欣苏丹(Ibrahim Sultan)，米兰沙之子阿伊兀儿(Aydgel)及奥玛筛海之子阿黑麦特(Ahmed)，赛夷德阿

哈麦特(Seyed Ahmed)及白克拉赫(Bikrah),此位作者,并谓正式婚礼,系在宴后之次日举行云。

③　原注:以今日币价计算,每一披赞他值土耳其银币一元二角。

④　钧注:中国泉州缎在中世纪时,颇负盛名于西方,波斯人名之曰 Zeituni,加思梯勒人(Castillans)名之日 Setuni,意大利人名之曰 Zetani,皆指此种缎而言。阿剌伯旅行家伊本拔秃塔书曾详述其所游览之剌桐城(泉州)及其特产剌桐缎之优美(见 Klaproth 之亚洲记录)。

⑤　钧注:克拉维约谓印度本境之统治者为基督徒一语,恐系传闻之误。布哇氏所著帖木儿帝国一书关于帖木儿时代之印度曾作下列记载:

"突厥种信奉伊斯兰教的塔忽剌(Tağhlak)朝,于 1321 年在底里(Delli)城代阿富汗(Afghan)种之乞里只(Ghildji)朝而与帖木儿出生之时,适当摩诃末塔忽剌(Mohammed Taghlak)在位之年,此王好文艺,可是笃信宗教。他想将他的臣民,尽变为伊斯兰教徒,于是虐待婆罗门教徒(Brahmanistes),全国乱起,他的帝国,亦因之瓦解。他的重要异密皆利用这机会,独立自主。等到 14 世纪末年,帖木儿强使此国称藩之时,国境已经有限了。后在 15 世纪末年,仅保朵阿卜(Doab)之地,对于在他的故地建立的五个伊斯兰教国家,毫无权力,可以干涉。此五国就是朋加剌(Bengale),沼纳扑儿(Djaounpour),麻罗华(Malwa),明茶辣(Gondjerate),迭康(Dekan)等 5 国。"见帖木儿帝国第 3 章 17 页。据此看来,当日印度之统治者,皆系伊斯兰教徒。而无一基督教云。

⑥　钧注:剌木儿用兵印度之经过,舍利甫丁书,本阿利卜沙书上皆有详细记载。今将伯劳温书上所记,录之于后,以资对照:

"军队在 800 年 7 月(1398 年 3、4 月)出发,首先攻击印度边境的异教往加非里斯坦(Kafiristan)的黑衣部(Siyah Pouch)同速来蛮忽(Süleman Kouh)的阿富汗部。800 年 9 月 12 日(1398 年 7 月 29 日)帖木儿逾印度河(Indus),自是以后,遂大肆残杀,他在巴威尼儿(Batnir)屠俘虏万人,801 年 4 月 2 日(1398 年 12 月 12 日)又在底里附近屠杀 10 万人,屠杀后 5 日,大败底里君主马合木三世(Mahmod III)之兵,此朝遂一蹶而不复振。马合木三世之阿富汗兵,及阇剌者普惕(Radjipoudis)兵皆在怕尼帕惕(Panipat)地方破灭,底里城陷落,城内的建筑物,尤其是壮丽的大礼拜堂,虽使帖木儿羡赏,可是仍不免于完全毁灭。本地的君主，遂在一个长期间中迁都于别的城市，就中若阿格剌（Agra）城，曾为八八儿（Baber）同胡马云（Houmayoun）二王的都会，晚至 962 年（1554 至 1555）底里才复成国都。马合木三世的败兵，退过恒河（Gange）对岸，帖木儿遂将所取马合木三世的国土，分给诸将，可是他不再进取，就退兵了，因为听说波斯乱起，所以赶急离开印度，此役共费时 5 月又 17 日。”见书 194 页。

第十四章　帖木儿之汗帐

谒见过皮儿麦麦特之后，午间我们在布棚下稍为等候。帖木儿自寝帐中来大汗帐内接见我们。帖木儿率领诸王臣齐进大帐后，立刻延见各国使臣。

各使进帐，按爵位高低，排列坐下后，共赏玩乐。帖木儿命演象戏。先牵过涂有绿色之大象数匹，背上有木楼，内坐象童。大象献各项玩戏之时，左旁吹奏奇怪之音乐，大象似愿闻此种奇怪之乐声然，帖木儿面前另有乐工一班奏细乐，由宫女们歌唱相和。帖木儿面前列有酒器 300 件。

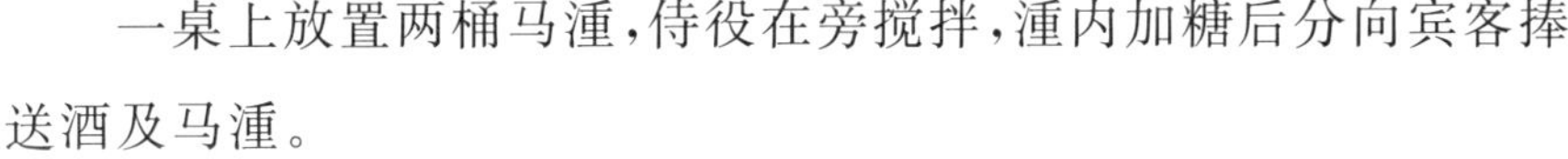

一桌上放置两桶马湩，侍役在旁搅拌，湩内加糖后分向宾客捧送酒及马湩。

诸事就绪之后，帖木儿之大夫人自其幕中走来汗帐，参加宴会。大夫人身穿红色锦袍，袍角之长，可委于地。大夫人之袍角，有 15 位侍妇在后持提。其面上所施之铅粉过于浓厚，以致类似带有纸制之面具。此地民间妇女，无分冬夏，面上皆戴面罩，夏日防阳光之晒，冬季御寒风之吹。宫内妇女之装束，大致亦如此。大夫人面罩白色薄纱，头髻高耸，颇类头顶盔盖，发际有珠花宝石等首饰，髻旁插有金饰为一象形，其上亦镶有大粒珍珠。另有红宝石 3 块镶于象上。宝石之巨大，约有二指长，发际尚插有鸟羽一枚。大夫人走进汗帐之时,雉羽在头上晃动。发梢分散在头后,发色则漆黑。此间人士,头发以黑色者多。侍役妇女之头发,亦一律染黑色。大夫人之侍从宫女颇多。

大夫人出帐之际,侍女在旁张白绸伞盖于其顶上。为蔽日光照及头脸起见,宫侍将伞盖举在夫人头顶上。大夫人之侍者除宫女外,尚有太监多名。大夫人与帖木儿平列而坐。惟夫人之座位稍为低矮而已。其侍从宫女,一部分在帐内,一部分留在帐外,贴身之宫女,只有3人侍立在侧。

大夫人入座之后,帖木儿之二夫人又入帐。身上之服饰以及进帐内时仪节,与大夫人同。此位夫人皆称之为"小夫人",其坐处,较大夫人稍为向后一点。

二夫人之后,有三夫人进帐,按同样之仪节走进,坐在排定之座上。陆续有九位夫人进汗帐来,各就已位坐下。穿着同样之衣服及装饰,其中有8位为帖木儿后及妃,而其余一人,为王孙之妃主。帖木儿对各位夫人的封号如下:

上述之大夫人称之为"皇后",为撒马尔罕旧日苏丹之女。旧日撒马尔罕苏丹,辖有自伊朗至大马士革的疆域,名可赞汗(Kazan Han)。可赞之姓,依母系而来,其生身之父为何人,已不可考。

可赞汗为一骁勇果敢之大汗,屡胜其他各国。其所布之法令,帖木儿至今仍然沿用之。

帖木儿之第二位夫人,称为"小夫人"者,乃国王秃满阿[①](Tumanağa)之女。秃满阿为安德拉布(Andrabh)境之国王。三夫人名突刻尔夫人(Tükel Hamm),四夫人名者而潘穆勒克[②](Çelpan Mulk),五夫人名芒达撒格夫人(Mandasage Hamm),六夫人名温哥拉哥夫人(Vengaraga Hamm),其八夫人即最后的一位夫人名者维海尔夫人[3](Cevher Hamm),为帖木儿在去年8月间所新纳。

各位夫人坐定之后,饮宴即开始。饮酒之时甚长。酒使先向各位夫人献盏。酒罢,再献马湩。

帖木儿在席上将随员教士阿洛芳庇斯唤至面前,亲持一杯酒,赐与阿洛芳庇斯;对于我,因为知我素不能饮,所以未强我饮。接饮帖木儿所赐之酒时,其礼仪如下:

先向帖木儿坐处走去,于距离数步之外,先屈右膝,单腿一跪。起立之后,向前一步,再躬身俯首拜;起立临近帖木儿之际,双腿跪下,接过酒杯,向后退一步跪下,将杯中之酒,一仰而尽。饮罢,右手须举到额前,祝帖木儿寿。

随员教士阿洛芳庇斯按照仪式饮过酒后,与在旁之两位司仪官退归原座。使团之随从人员,亦受有赏赐,此时他们正与其余使臣等,在邻帐饮酒。有外国使臣数人为帖木儿所不愿召见者,所以皆在邻帐内畅饮、用饭、及观赏余兴等。嗣邀帖木儿之恩赐,将其所余之酒赐与在邻帐内之随员。汗帐正在欢饮之际,帐前所备妥之余兴,亦在演出。

先牵过大象,象背上装有木楼,楼前各角遍插旗帜。楼内坐有象童五六人。其中一人,骑于象之头上,手持长竿一根。象身颜色灰黑,通身上下,不见一毛,其尾与蛇尾相似。

本日宴上,大象作玩戏多种。有大象与马竞走一项,大象起步奔跑之际,土地皆为之颤动不已。实际上讲,大象之猛冲之力量极大,至可畏怖;无论人类或动物,莫敢迎阻。在战争中,大象一匹之价值,足抵上千之步卒,因大象在冲锋之时,迎面之物,莫不为之踏平，尤以身受创伤后之大象，在战场上，更为凶狂，奔驰更为迅速。大象之长牙，皆向上长，因此惯将长牙撞断，留下短牙，磨成利剑。同时将所撞断之长牙，深藏各处。

大象能耐行 2 日，无须休息。于路程之上虽 2 日不食不饮，亦能忍耐。尤以在战争中，大象虽 3 日不食，仍然能战。

此时宴席上之帖木儿及夫人，饮酒已过数巡。乃撤酒摆饭，菜为烤羊肉及马肉，分送与宴各人之前。有 300 名内侍，专任伺候。帐外驮运菜饭之车辆与骆驼，往来不绝。肉食之外，未备面包；肉食后各人面前端上米饭，随后又端上各样甜食。宴至晚间，两旁张起灯笼时，尚未散席。

席上各人，无分男女，莫不开怀纵饮狂啖，尽情欢乐，通宵达旦，因为此晚为帖木儿某孙结婚之喜宴，其孙媳亦帖木儿亲族之某氏女。我们听到宴席将继续到天明时，乃效其他使臣之所为，谢恩辞出。帖木儿及其夫人与王孙等，仍然欢饮玩乐下去。

10 月 16 日(星期三)，帖木儿又赐宴，我们亦被邀参与。宴席在第一座大汗帐内举行，是日与帖木儿同坐一帐中，见其狂饮不息。酒罢上菜饭，又有各项余兴，欢娱终日。赴宴之宾客，莫不陶然大醉，踉跄辞出。而帖木儿一人坐在上面，神情极为快悦。我们最后也请辞退出。

次日，大夫人赐宴，我们亦荷召及。赐宴之院落中，有华美的帐幕多座。大夫人所居之汗帐，尤为富丽，与宴之宾客甚众，所有外国使臣，皆被邀及。此外宫内人员，不分男妇，一律参加。院四周之丝幔上，又点缀以杂色彩绸。

当日，有爵秩崇高之宗王数位出迎我们入于院内，先赴临门之帐幕，其内饰以赤白两色彩绸。落座不久，即捧上丰富之点心，又敬我们以酒。刚用过点心，大夫人即命人引导入内观光各帐，其华美无以复加。有最为崇高庞大者一座，四周由绳索绊定。帐上覆有红缎，帐顶镶银，光华耀目。帐内之华丽，亦不下于帐外。俱见匠心经营。此帐有门两道，各门上皆挂细竹帘，此帘系用灰丝线编细竹而成者，因之幕门虽闭，仍有清风送入。同时自帘内可以窥见外面之人，而自帘外望不到里面之活动。

帐幕之第二道门，极其高大，骑士可以乘马出入。门上镶有银板，入门后两旁尚悬有碧色之金板，板上镂刻之精细，谓之鞑靼斯坦或西班牙境内所制，殊不能令人置信。

最可注意者，帐门之两扇银板，上有圣保罗之像及圣皮耳(Sen Piyer)之像。据云，此帐系自布鲁撒所得来之掳获品。帖木儿入布鲁撒时，将苏丹白牙即的之内库打开，并此帐幕携来。

帐幕之中央，置有巨柜，其上放置酒盏及盘碟之属，柜高 4 尺，约及于人之胸部，其上之雕饰，极为华丽。大粒珍珠，宝石镶嵌在四周。柜之盖上，镶有大如核桃之宝石。大夫人所有饮盏，皆贮此柜内，饮盏系纯金所制，外镶珠宝，或上嵌绿色翡翠。巨柜对面，有一高桌，金质而带珠玉镶嵌。其旁陈列金制大树一株。其高及于一人身长。树枝上满结红宝石、绿翡翠、玛瑙及钻石等。果实与树枝之间，尚有金鸟棲止其上：或振翼欲飞，或适飞落枝上。树身后，立有银屏风一方。银屏上，乃一幅绘满花卉之图画。帐幕一角落上，亦挂有画一幅，其边角皆以细锦裱好。

在大夫人帐内观光种种稀有珍品之后，又赴帖木儿所在之大汗帐，帖木儿此时正与宾客共坐畅饮，前面所述之新与皇族某氏女结婚之王孙，与其新妇，现在附近某帐内居住。帐幕的形式，颇类一座平房，四面用红绫围成院墙，上覆彩绸。正房之四壁较矮，墙内分为若干小间；墙壁上开有窗户，用细纱作窗帘，可以由内外望。四面之墙壁与房顶接连，如此浑为一体，不露空隙。

我们行进帖木儿汗帐之院时，先至门侧之室，稍坐，院门之进口处上为楼阁式之建筑物，楼下两侧筑为高墙，中间为人员出入之长甬路。路之尽头，其右为王孙的住处；左方辟为一座极华丽之客帐。院门进口处仍取帐幕形式。围墙壁之绫幔上，皆有锦绣。

路之尽头，正是大汗帐所在之地。帖木儿与其臣僚，正在帐内畅饮；欢笑之声，达于帐外。此院中帐幕之讲究及华丽，难以尽述；设非亲眼目睹，对其价值及壮美之描述，定难置信。

使团于参观汗帐所在之院内各帐之余，又往参观一座木楼。楼之内外一律作金碧色之油饰；形式玲珑，彩色辉煌。此楼随时可以拆卸，帖木儿即用作为祈祷之处。帖木儿随行至各处，即将其携往。故称之为“流动礼拜寺”亦无不可。无论行军，或战争中，此木楼皆傍帖木儿之汗帐而建立。

附近尚有纯绿色之幕一座，其内饰以灰鼠皮。中间铺有两张床。另一座帐内，铺满最珍贵之兽皮，此类皮货，在鞑靼境中，尚须15条金方购到一张。若在欧洲，其价更昂。上述两帐，不过列举若干富丽华贵之帐幕中之一二而已。至于其他，则所在多有，兹不赘述。帖木儿及皇族所居之帐外，尚有军中将校官佐。所建之帐幕，为数极伙。据云，军帐之数，不下四五万，皆建立在大营四周之花园果林间，蔚为壮观。附近河流即穿流其旁。

此次帖木儿为诸孙婚礼，而招集境内之各王公、部长来撒马尔罕，使我们得以遇到巴达哈伤[4](Bedahşan)国王。巴达哈伤境，以盛产宝石著名。我们会及其王时，见其左右侍从之人甚盛，因而向其询问采取红宝石之情形。国王态度极其谦逊，谓："巴达哈伤境内富于矿山，后经矿商开采，沿矿脉采取，将矿石取出，加以洗净，剖切琢磨等手续之后，即可得红宝石。"[5]云云。帖木儿为保护矿产起见，对于开采之人，加以限制，并订立严密之法令，以管理之。巴达哈伤之都会，距离撒马尔罕仅10日程云。

又有屡次在宴上所会见之某公，据谓乃阿维尼(Akvivi)省长官。该处盛产玛瑙，其地距撒马尔罕亦10日程。

10月23日，帖木儿又大宴群臣。赴宴之人，为数极伙。咸以盛典旷有，莫不开怀畅饮，尽情欢娱。帖木儿之各位夫人，亦莅会参与，所著服饰，一如前述。此宴欢饮终日，直至日落黄昏，方才席罢散会。

10月30日，帖木儿离开大营，返归撒马尔罕城内。所驻之宫，即尚在建筑中之礼拜寺旁。帖木儿之长孙麦麦特苏丹，[6]安葬其间。麦麦特苏丹于安哥拉战役中，为敌人所俘去，后殁于土耳其境内。

帖木儿最钟爱此孙。为纪念之而建立此寺，遗体亦移至寺内安葬，寺之内外墙壁，皆以金碧二色琉璃镶砌。

帖木儿返归城内，即住在寺旁宫内，以便主持长孙安葬典礼。长孙麦麦特殁于土耳其境之后，遗体即送来撒马尔罕寺内，为追念起见，帖木儿曾命建立一塔。此次帖木儿自大营返城，见建筑中之塔，过于低矮，心中甚为不满，立命拆毁，限10日依式从新建妥。工人奉命后，昼夜加班赶筑。帖木儿又躬临两三次，视察工程进行之情形。近来帖木儿以年迈体衰,已经不能乘马,出入皆乘舆。时常至工地,指示建筑。似此高塔,果然于10日内建成。以塔之高巍如此,而居然于最短期间完工,堪称为奇迹。

帖木儿命人通知,候长孙安葬典礼举行后,再召见我们。同时筛海·麦立刻·米儿咱(Şeyh Melik Mirza)奉命送哈达多方;此外又颁赐皮领大袍数袭;每人皮帽一顶,每人银钱一袋,袋内有1,500枚银钱。我们谢过恩。他临去邀我们赴其私宅之宴,并谓帖木儿以我们使命完成,允我们归国云。我们亦称:"愿早日返归为帖木儿呼为'我儿'之西班牙国王处去"云。

① 原注:克拉维约之记载,在此点上,不无讹误。因此后之名为秃满(Tuman),而父之名为爱密尔·母撒(Emir Musa)。

② 钧注:帖木儿帝国书中载:"帖木儿诸妻中,有两个中国的公主:一名大皇后(Al Malikat al Koubra),一名小皇后(Al Malikat as Songhra)。又有一后名秃满(Tuman),是那黑沙不(Nakhchab)长官异密牟栖(Mousa)之女。一后名札勒班(Djalban),极艳丽,因为一种想象的过失,曾被赐死;此外尚有妃嫔甚众。"书90页。

③ 原注:克拉维约在提到者维海尔(Cevher)之名时,注以此字义为"心爱之后",其实Cevher二字,在突厥语中义为"金刚石"云。

又案原文上虽有八位夫人之说,实际上只列七位之名,于第七位夫人之名,遗而未列。

④ 钧注:关于巴达哈伤,中文史地之书上,不乏论及者,今分别介绍于后:

"巴达哈伤州(Badakchan)处乌浒河上流左岸与大雪山之间,在阿富汗斯单之东北端,今都会名费咱吧的(Faizabad),在乌浒河左岸,支流(Kakcha)水之右岸。英国旅行家吴德(Wood)在1838年,经行塔里寒费吧的两城中间之地,所见人烟之稀,与马可波罗所言自讫瑟摩达巴达哈伤一带之情形相同。"

马可波罗行纪 46 章，注 1，19 页。

又“巴哈伤，城名亦部名，今称巴达克山。自喀什噶尔越葱岭以至吐喀里斯单，必由巴达克山经行。吐喀里斯单即唐之吐火罗，今属阿富汗。唐玄奘西域记，波缚刍河至钵铎创那国。缚那即阿母河。当日玄奘东归，在阿母河上游过渡，正从巴达克山，东趋葱岭，则钵铎创那又巴达克山之异译。元秘史有巴惕客薛亦此。”元史译文证补 26 卷上页 343，至于该部当时与中国往来之关系则有下列一段：

又“巴达黑商，永乐年间，其王遣人来朝，贡方物，织、皮、绒、罽、香木，其国山川特秀。”明书 167 卷 3317 页。

又“八答商，一名八里，在俺都维东北，周十余里，居平川，地产无险要，其南近山，食物丰饶，西南诸番人亦聚此市货，今哈烈沙哈鲁遣子守之。”陈诚使西域记。

⑤　钧注：马可波罗行纪曾详述此处采红宝石情形。今附录之于下：

“此州出产巴剌思红宝石(Babis Balais)，此宝石甚美，而价甚贵。采之于若干山岩中，掘大隧以采之，与采银矿之法同。仅在一名尸奔尼蛮(Seznimam)之山中，发现此物。国王只许官采，他人不得至此山采发，否则杀其人，而没其货财。任何人不许将此物运往国外，所采宝石，尽属国王，或以之贡于他国，或以之赠予他国。国王以此红宝石甚稀，而其价甚贵，若任人采取，则此宝石充满于世界，不足重矣。采取之少，防守之严，其故在此。”书 46 章 128 页。

⑥　钧注：关于王孙麦麦特苏丹之死，帖木儿帝国上曾有一段记载，今摘录之于后：

“王孙麦麦特苏丹(Mohmmed Sultan)于安哥拉战役后之 1402 年，死于克剌黑撒。麦麦特为帖木儿长子只汗杰儿(死于 1375 年)之子，母名汗则黛妃主，于其子殁后，嫁与帖木儿之次子米兰沙云。”

又“1403 年 3 月 12 日白牙即的死后之 4 日，帖木儿所钟爱而命嗣位的孙子摩诃末莎勒壇(Mohammed Sultan)死，帖木儿听说孙儿病重，赶回看他，想用病床将他运往哈剌·喜撒儿(Kara Hisar)，在道仅一日死。寄其柩于孙丹尼叶，等待将来运向撒马尔罕举行盛大丧礼，帖木儿命臣民持服。……”书 53 页。

第十五章　撒马尔罕(三)

帖木儿为安葬其长孙而修筑之宝塔,完工之后,又为整顿撒马尔罕市容而显忙碌。历年以来,从钦察、印度,以及鞑靼境各处,运来撒马尔罕之商货,无虞千万;而城中即无存放之处,又无陈列售卖之大商场。帖木儿于是命人建一座横贯全城之商业市场,于其内招商设肆。所有货品,皆集中此场上销售。已派定官员2名,督率工程,此2人奉命后,自然昼夜加工,赶为修建,因不能如期交工,自己之头颅,亦难获保全也。起始先将划定线内之民房拆除,开辟出通路,原有之旧建筑,一律清除;为完成此项任务,曾奉命不惜使用一切手段。

各房主以房被拆除因而向政府请愿,政府对赔偿一律不理。只催促房主将拆除后之材料,急速搬开。街上所有之房屋,经拆过之后,两旁之建筑,立刻动工。商肆建在街道两旁,对峙而立。每座商店为两进房:一间在外,一间在内。通路上面,搭有棚盖。工程完竣之后,各项生意,皆将移入此内。商场附设有公共水池,及喷泉多座。

修筑商场之经费,系由撒马尔罕全市居民担负。工事进行之际,工人分为昼夜两班,所以完工极速。自城之一端,达于彼端之商场,形式既庞大,而顶上又需棚盖;居然能在20日修成,可以称之为神速。动工之际,工人喧哗喊叫之声,极为凶猛。类似无数怪物互相搏斗,而作嘶鸣之声。工程完成之后,旧房主依然请政府予以赔偿。但无人敢向帖木儿提出此事,于是往求帖木儿所接近之圣裔赛夷族人,请代向帖木儿说项。

赛夷族人,因系至圣穆罕谟德后裔,帖木儿对之,异常敬重。赛夷族人受此请托之后,某日乘与帖木儿对弈,玩象棋之机会,曾将此事略为提述,“以房屋被拆除之房主,情形可悯,似应予以相当赔偿”等语。

不料帖木儿闻及此语,大为震怒,谓:“撒马尔罕所有之土地,莫非王土,今有人竟敢作申诉,定加彻查严惩”云云。赛夷族人见帖木儿大怒之状,深为惭愧惶恐,为免发生不测,当请其为真主面上,加以宽恕。并表示帖木儿之所有处置,皆极公平,对待市民之态度,亦无不适当之处。

帖木儿为大夫人之母所建之礼拜寺,为撒马尔罕城内最华贵美丽之建筑。寺内工程告成之时,帖木儿认为山门过于低矮,命人拆除,迅速另建。并指定宫内官员二人,督促工务进行事宜。

近来帖木儿体力就衰,步履维艰,骑乘亦有所不能。所以出入,皆须乘舆。而每日仍不分早晚,亲往修建礼拜寺之工地,在旁催促;甚至坐在工程旁进餐,将盘中残余肉食,抛掷与打地基之工人,不啻喂饲家畜。帖木儿为奖励工人努力工作,有时且向工人散掷银钱。工程正如此加紧进行中,大雪纷纷降来;工程不得已,又告停顿。

11 月 1 日(星期五),我们拟再谒帖木儿,陛辞归国。恰逢帖木儿赴某修筑中之礼拜寺。自晨至午,我们皆在候其召见。午间,他自汗帐走出，坐在平台上进膳。饭后命人来告，其本人因事务羁身，不克延见，容日可再来辞行。当日帖木儿系为王孙皮儿麦麦特返印度在即，特为之饯行。王孙临行曾受帖木儿所赐之弓、矢、武器、哈达，以及其他物品，随从人等，也赏赐有差。

星期六，我们往宫内陛辞之时，据谓："本日帖木儿不出帐，现在卧病中"云。我们等待甚久，有帖木儿近侍某自内走出，嘱我们先退出，无须多候，我们不得已归寓。

星期日，我们再至宫内探询能否谒见之事。等候良久，有帖木儿之总管 3 人，来我们面前谓："帖木儿不接见"。另据宫内人员谈：帖木儿以我们未经召请，屡次赴宫内求见，深为不悦。曾将陪伴我们之礼官鞑靼贵人，唤入宫内，拟予穿鼻之刑；嗣经其力辩谓，彼不曾引我们入宫，方获赦免。虽然如此，仍遭一顿鞭笞。

帖木儿之疾，逐渐沉重；宫中人员，不分男妇，皆现忧虑之色。国内大政，皆由帖木儿身侧三位总管处理，但此辈丝毫不知处理之道。

我们在帖木儿召见之前，不得不作等候。此颇使我们不能忍耐，但我们又没有勇气，再到宫内询问。正在此际，帖木儿之总管派来一人谓："奉帖木儿之旨，命我们急速返国。"按来使所述，次日黎明，我们即须动身。同行旅伴，尚有埃及苏丹派来使臣，土耳其使臣。

将有一位鞑靼人名卡尔窝・突曼・奥郎(Karvo Tuman Oğlan)者，护送我们至塔布里士，途中食宿，以及所用马匹等，皆由总管预先通令各地官长，妥为预备。及抵塔布里士之时，谒见帖木儿之孙奥玛(Ömer)。在该处，三国使臣分手，各返本国。

我们接到来命，当时即提出异议：“我们既未亲向帖木儿请辞，又未奉到复西班牙国王之答书。以此种种，碍难立即成行。”来使回答：“处于此种局势之下，抗议亦无效果，既然总管如此吩咐，莫如立刻登程为妙。即如埃及及土耳其等使臣，接到通知，已作归国准备云。”我们依然进宫请见宫内总管，蒙他接见。我们当向其述及前于觐见帖木儿之时，曾蒙其吩咐：“临返国之前，来宫一见，于请辞之前，不可擅自动身。”之语，然而适才接到通知，嘱明早务必启程，此事我们深以为憾。总管谓：“现在谒见帖木儿之事，已无可能。再者长此留居宫廷之间，亦殊无益”云云。又谓：

“事既至此，除非作归计外，已无他途。此际帖木儿病势沉重，体力微弱，以致不能言语之程度。据医生所传，帖木儿已呼吸在旦夕之间。宜乘他一息尚存之际，赶快动身，或许帖木儿的死耗传出，于事反有许多不利”。

总管已将话讲到此种地步，我们又曾提及致西班牙国王之答书问题。总管以为，此际不宜逐一细谈，并谓：“愈能早日启程，对我们愈有利。复西班牙国王之答书，将来不妨随后送去”云。

自 11 月 4 日至 18 日之间，各方情况，极为混沌。总管又派前次来此之鞑靼使者至寓所，送来 4 张护照，及儿份训令。其内容为分致沿途上 4 座大城省长，令其于沿途各地应代我们换马，并命我们明早，务须动身。我们曾对来使重复声明：“未见帖木儿及未奉到帖木儿之旨以前，不愿离此。”然而总管再通知我们：“不论使臣是否愿意，必须启程”云。我们面对此严命，只好归去。后来宫内来使，又引我们赴城外一座葡萄园内，与埃及使臣同在其地过夜，候土耳其使臣来，以便同行。

自星期二停留至星期五，我们最后一齐离开撒马尔罕。

前面已将在撒马尔罕所经过之事件述过，下面将叙述城内外之见闻，及帖木儿整顿此大都之经过。

撒马尔罕城建在一座平原上，城之四周，围以土墙，外有护城壕，面积较塞维来(Sevil)为大。

城郭四郊之房舍建筑，以及园囿之属，连亘有20里之遥。花园及果林之间，皆开辟广场，及往来大道。到处遍设商肆，出售一切应用物品。城外居民，较城内人口为多。最华美富丽之楼房别墅，皆建于四郊。帖木儿所建之宫院，大半在城外，所有供观赏游玩之亭、园、台、榭，亦莫不散于郊野之园林中。围绕此城的园林之多与广大，使游览之人，自远处望之，丛树如云，隐约见楼房数座而已。

撒马尔罕城内外有沟渠多条穿过，泉水遍地皆是。果林之旁，辟有棉田及瓜地。所产甜瓜，数量极伙。即使在新年，亦有甜瓜葡萄可食。骆驼自各乡驮来之甜瓜葡萄，上市求售。甜瓜之产量既富，家家皆将其晒干贮存，一如贮存干无花果者然。是以此间居民，终年不断有瓜可食。甜瓜干之制法如次：先将甜瓜剖开，切成条形，然后晒干，加以捆束，贮放起来，以供终年食用。[1]

自撒马尔罕再向前行，繁盛之村落甚多。帖木儿从所征服之各地，移来人民，充实其间。

撒马尔罕境内，地方肥沃。所有小麦、果品，以及葡萄之类，莫不出产。至于各种家畜，亦多肥美；大尾绵羊，躯体特大。羊群既伙，肉价低廉。虽有帖木儿的大军数十万驻扎此间，每羊之价(折合目前之土耳其银币)，亦不过一元五角。至于面包、大米，到处丰足。

撒马尔罕[②]以其城市富庶，出产丰饶而名于世，因此获得撒马尔罕之名。按此字在突厥语为塞米兹·干特(Semiz Kent)，字之前半，塞米兹(Semiz)“肥胖”之意，或“富”之意。干特为“城市”之意，沿用既久，遂将富饶之城“塞米兹干特”读为“撒马尔罕”(塞麦尔罕特)。

此城不仅以出产丰富著称，工艺亦负盛名于世。城内有缫丝工厂数处。所缫出之丝，除供织做锦袍或刺绣之用外，尚可织各色绸、缎、绫、罗，以及在西班牙所称为“泰直那”(Tercenal)之衣料。丝织衣料上，往往可用灰、金、碧三色交织成锦，其他各色织品亦可制作。此间香料生意，交易极其繁盛。帖木儿为充实撒马尔罕城，使大成为世界上最完整、最重要之名都起见，不惜用种种手段，招致商人，来此贸易。并于所征服各城市中，选拔最良善、最有才干以及有巧艺之工匠，送来此间。

他在大马士革[③]时即将该处之珠宝商、丝织工匠、弓矢匠、战车制造家，以及制琉璃及瓷器的陶工，一律送至此城。

经选送来此之工匠，皆为世界上最富于技巧之技术家。此外帖木儿于征服土耳其之际，又将该处之造枪匠、镂金工、建筑师，以及其他名手工艺人，送来此处。经帖木儿选拔各地之精工巧匠，集中撒马尔罕城之后，此都中凡百行业，皆无缺乏专门技工之感。至于制炮之技术家，及放炮炮手，亦经调集来此。帖木儿召集百工之计划，至此完全成功。来自各处之技术家，日渐增多，数目已超过15 万以上。

撒马尔罕居民中，亦不乏土耳其人、阿剌伯人及波斯人等。这些人仍然各遵其教派。至于伊斯兰教以外之亚美尼亚人、希腊教徒、基督教之雅各布派(Yakubi),聂斯托里派(Nasturi),皆有。尚有信奉拜火教,而自称基督徒之印度人,亦所在多有。

撒马尔罕城内,居民众多,人口拥挤不堪。各地新来此城者,往往于寻到住处之前,先在店内,帐幕内住下,或分别安顿于花园及乡村之内。

城内屯集货物,到处充斥。其中有来自世界上最远处之货物。自俄罗斯及鞑靼境内运来之货物,为皮货及亚麻。自中国境运来世界上最华美的丝织品。其中有一种为纯丝所织者,质地最佳;自和阗④运来宝玉、玛瑙、珠货,以及各样珍贵首饰。和阗所产之货,其极名贵者,皆可求之于撒马尔罕市上。和阗之琢玉镶嵌之工匠,手艺精巧,为世界任何地所不及。

印度运来撒马尔罕者,为香料。此种香料,亦为世人所最宝贵者。在伊思坎大伦市场上,万难见到此种货色。

撒马尔罕市上之屠户,将肉类加以佐料,煮熟后出卖。有将熟肉夹在面包内售卖者,普通牲畜肉类之外,亦有猎来之鸟兽肉食,陈列市上,皆经洗涤干净,整治完好而后出售。市场上之各商肆,自清早即开市,至傍晚方收市。肉店则至深夜,尚在营业。

距城不远之处,有不甚高峻之堡垒一座。堡外四面深壕环绕,濠内流水,终年不绝。所以阑入堡内之事,殊无可能。

帖木儿之宝库即在此堡垒之内。因此,只有负责守卫人员,方能进出此堡。堡内有一院落划为制造衣甲、盾牌、弓箭、铁盔等之地,有工匠千名,在内工作。

7 年之前,帖木儿出发征伐土耳其及大马士革之际,曾命军中将士,一律携带妻子同行,其愿携带妻子以外之亲属者亦可,帖木儿下此令之动机,则以此番出发,预定7年[5]后方归;在此期间内,帖木儿拟征服所有敌人。他自此城出发时,曾立誓不满7年,决不返归撒马尔罕城。

当我们尚在撒马尔罕之时,中国[6]皇帝派来之使臣,亦在此城。中国皇帝遣使之意,为帖木儿占有中国土地多处,例应按年纳贡。近7年来,帖木儿迄未献纳,特来责问。帖木儿向中国使臣曰:

"中国天子责问岁贡,理所当然,惟积欠7年之贡,一旦令全数补纳,事多困难。莫如容加筹措,再行奉纳朝廷"。[7]

中国使臣对帖木儿此种不逊之词,深为不怿。据谓:"7年以来,帖木儿既未向中国纳贡,中国亦未责问;其中原因,则由于中国内部发生事故,未遑及此。初,中国皇帝薨。遗诏命太子3人,分领中国各地。不料大太子欲独据全境,侵夺二弟之土地,以此,兄弟之间,举兵相争,大太子最后兵败,并就大帐中举火自焚。当时殉亡者,尚有多人。及事变平息,新天子即位,方得遣使来帖木儿处责问欠贡"。据传,帖木儿此次曾命人辱慢中国使臣,不过其臣属曾否奉行此命,不得而知。至于中国天子为保持尊严起见,曾否对帖木儿加以讨伐,亦未获续报。[8]

自撒马尔罕至中国首都之间,其距离为6个月路程。中国首都名汗别里(Kam Balik)。中国境内之城市,以此为最大。由撒马尔罕启程至汗别里之途中,须经过荒无人烟之大沙漠,于此浩瀚之沙漠中,只能偶尔遇一二游牧之人。

我们行至撒马尔罕之数月前,有自中国境来此之大商队。商队拥有骆驼 800 匹，载来大宗商货。及帖木儿远征归来，认为商货既系中国天子境内运来之物，遂将人货一并扣留，不放一人归去。

帖木儿自此，即专心致力于中国风土、人情以及地理、形势之考察，以及中国人口、财富、特点之研究。为搜集资料起见，特命鞑靼人赴中国首都居住 6 个月，从事调查。据自华归来之鞑靼人云：“中国首都，距海不远，其广大雄伟，过于塔布里士之 20 倍云”。

如此论来，北京可称为世界最大之都会。因塔布里士城市之四周，已有 10 里；以此推算，北京四周，应不下 200 里也。[9]

又据鞑靼商人所云：“中国天子御驾出征之际，留于后方镇守之兵卒，为数即有 40 万之众。中国境内，即无皇族，亦无骑士，各地不得任意乘马践踏。”又云：“中国天子，虽生来即为拜偶像之徒，但其后皈依基督教云”。[10]

使团一行，当日抵撒马尔罕之时，刚为帖木儿 7 年在外，扫平群雄，凯旋归来之际。因此他重新踏进撒马尔罕堡垒。其宝库即在堡内。此次进堡视察修理工程之际，对宝库曾加以视察。堡内军需工匠所制之军器，是否完成，亦曾问及。工匠为帖木儿制就盔甲 2,000 副，工艺极为精良。不过所制之甲，稍嫌单薄。帖木儿入库视察之际，除取一副自用外，又遍赐随从侍卫之士，人各一副。此项盔甲，与西班牙所产者极其相似。

距撒马尔罕有 15 日程之地，有“女人国”，[11]为赴中国之大道必经之处。境内向无男子，国人既不出嫁，亦不与男子营共同生活。其俗，为每年之某季，国内青年女子，得老年女子之允准后，分访邻近各地；各地之男，则召之赴家中暂住；女客各应其邀请，分赴各家。

青年女子,与邻邦之男同居相当时日之后,乃返归本土。生女则留在身边,生男,则送与生身之父。

女人国距帖木儿境甚近,但隶属于中国,尽属天主之教徒。据云此国人民即系防守特鲁瓦(Truva)之女英雄后裔。其先代为突厥及希腊两族人,其后所遗存者,只有突厥族女子。

撒马尔罕城内治安,极为良好。其严肃之处,使居民彼此之间,不敢口角。邻居相处,彼此亦无敢有故意欺侮凌辱之事。此亦由于帖木儿出征之际,已将好斗之人,以及倡首作乱者,皆送上战场所致。

帖木儿每次出征,军中置有法官多人,随时接受诉状,加以裁判。帖木儿将民、刑各事,及行政诉愿分开;一部分法官,专理刑事案件;另一部分则理官吏贪污案件。至于外国使臣,与民间往来,则另有礼官负责。如此,帖木儿境内司法,有条不紊,职责之划分,极为清楚。

帖木儿汗帐建立之处,法官即就其旁,建立帐幕三座,工作其中。所有在押人犯,以及原被告,皆来此处候审。法官分别案件之性质,听取诉辩后,立下判词,但于执行之前,先呈帖木儿鉴核,候其裁可,再分别执行。法官倘作书面之判词时,先由书记缮写,登过底薄后,再由法官于判决书上盖印。另有一吏,自法官之底簿上,将原文抄于清誊簿上,其判词之尾,亦由法官盖印。清誊簿系为呈帖木儿批阅者。帖木儿于此簿上用过印玺,即为批准。帖木儿用于司法案件之玺,其印文为“公正”一语,文外四边,有小圆圈3个。此间为法官司缮写判词之书记,其职务极为忙碌。

撒马尔罕之形势、景色以及城内之见闻,既如上述。其次应将帖木儿对于金帐汗⑫之脱克迷失之收抚，加似叙述：

脱克迷失汗，本为一势力强大之国王，其残暴有过于苏丹白牙即的。后来脱克迷失为鞑靼境内之爱底古(Ediku)所败，近来似乎有臣属于帖木儿以终余年之势。爱底古至今仍为帖木儿之劲敌。当11年之前，金帐汗部之脱克迷失自钦察汗境内出动，蹂躏伊朗，经阿哲儿拜展(Azerbaycan)入塔布里士，占据亚美尼亚全境。

沿途抢掠城市，摧毁堡垒，所过各境，纵兵任意而为。此种举动，我们经过苏玛利之时，已经听人讲过。据谓：西斯坦(Siskan)境之沿边各城市，亦遭此浩劫。上列各地，皆为帖木儿所辖之地。脱克迷失洗劫各城之后，乃返回鞑靼境而去。帖木儿接到各处报告之余，率军自脱克迷失之后追来，循其所经之路线，逐步追踪至泰来克(Terek)河畔时，已经追及。此河之上，仅架有一坐桥梁。帖木儿之军队追至河岸时，脱克迷失之大军刚刚渡过。脱克迷失除在桥上留有后卫外，桥头亦用木板遮断。帖木儿见桥头既为脱克迷失所据，即将兵马收住。遣使质问脱克迷失入境蹂躏之原因，并表示愿续盟友好，避免冲突之意。帖木儿对脱克迷失虽如此保证，不愿以兵戎相见，但对方绝不信实，因素知帖木儿诡计多端，意在欺骗。次日，帖木儿率军沿河岸上溯，脱克迷失在对岸，亦率军沿河上溯。两方大军，夹河而行，如是者3日。至第3夜，帖木儿令随军妇女，一律顶盔披甲，装扮一如兵士，留于大营。男子则上马开回。骑卒每人除骑马一匹外，只携一空骑，以备换乘。如此大营之内只留有妇女及奴役，虚张声势。帖木儿率大军星夜驰奔2日间所过之路程，转回至桥边，一冲而过。自河之彼岸，追及脱克迷失之大军，出其不意，一举而歼之。脱克迷失全军覆没，丧失一

切,仅以身免。

帖木儿此次胜利,自然要列为重大胜利之一。实际上讲,此役之成就,较战胜白牙即的,尤为紧要。脱克迷失遭此重创之余,虽曾收集残部,重施不意之袭击,但是帖木儿进军鞑靼境时,第二次又将其击破。

脱克迷失屡经惨败,部属对之已然失望,皆以其已无再胜之望。境内各部落之首领,彼此争逐,谋起而代之。如是陷于混乱之状态中者久之。最后有一曾在帖木儿部下任军职之爱底古者,统一各部,自立为长。

目下鞑靼境内之首领,及积极反抗帖木儿之人物,即为此人。鞑靼人拥立爱底古之后,又与帖木儿脱离隶属关系。爱底古曾阴谋暗刺帖木儿,以便乘机夺取鞑靼境,甚至撒马尔罕境之统治权。此事虽未成功,已使帖木儿洞悉其用意之所在。屡次谋引其人彀,迄未能成功。因爱底古之为人,最为机警,绝不肯上圈套。现在帖木儿与爱底古已成死敌。最近帖木儿欲迅速消灭其仇敌,出其不意加以闪击。爱底古闻讯,率部避往他处。据云,其部下有骑卒20万人之众云。至于脱克迷失与帖木儿近来已然和好,两方曾合力谋消灭爱底古。帖木儿又曾施其欺骗手段,遣使向爱底古表示愿意和好,似乎极其亲善,已将过去种种,加以宽恕不究;同时双方原有亲属关系,今为续盟旧好计,帖木儿之孙,愿纳爱底古之孙女为妃。但爱底古对之,一概拒绝;并对来使称:"本人曾在帖木儿部下任事达20年,对帖木儿之种种诡计,莫不深知。帖木儿欺人手段,难以瞒过本人。"以此帖木儿之诡计未售。这条计策不啻安排陷阱,生擒爱底古。因为与帖木儿和好者,即无异于归附其下也。

脱克迷失有一子，于其父事败之后，曾经退入热那亚人之属地迦法(Kafa)，[13]曾由该处起兵袭击爱底古部。及后爱底古率军向迦法进发，迦法人与之议和，逐脱克迷失之子使其离开该地，而重返其父之侧。现此子，仍居于撒马尔罕。爱底古现正从事将鞑靼境内居民之伊斯兰教化的工作，终日在推行此事。鞑靼人以先并无一致之信仰，最近已尽皈依伊斯兰教。

至于帖木儿军队之组织如下：军中百人为最小单位，置百人长；千人及万人之上，皆置有千人长及万人长。全军置有统帅。遇有战事发生，则征调各级将士，按敌势之强弱，分定征调兵数之多寡。帖木儿部下领军统帅为只汉·沙·米儿咱(Cihan Şah Mirza)。此人及其父屡次为帖木儿效死力，助其成就大业。尤以帖木儿推翻撒马尔罕之旧主爱密儿·胡三[14]一役上，建功为多。因此对其异常倚重。

帖木儿平日将军中马匹及牲畜，分拨与族人饲养。凡负责饲养之人，莫不加意看管。因倘有不周到之处，立刻刑罚随至，罪重者且因之被杀。

---

① 钧注：马可波罗于13世纪赴华途中 路经撒普儿干(Sapourgan)，曾述及该地“产世界最良之甜瓜，居民切瓜作条，在太阳下曝干，既干食之，其甜如蜜，全境售此，以作商货。”远达印度及中国。撒普儿干及撒马儿罕虽非一地，而其干条甜瓜之产，皆在中亚之负盛名云(见马可波罗行记卷上120页)。

② 钧注：按元耶律楚材之西游录，曾述及挦斯干城，其文及注如下：“讹打剌西千余里有大城曰寻斯干。(西使记曰，过挦思干，城大而民繁，元史太祖本纪曰：15年克寻思干城，又曰：16年攻薛迷思干城，今案太祖克此

城后，复叛，故16年再攻之，薛迷思干即寻思干也，西北地附录作撒麻耳干，元史按竺迩传曰：太祖西征寻思干，郭宝玉传曰下挦思干城，又曰引兵据挦思干入铁门，屯大雪山，耶律河海传曰下寻思干等城……）寻斯干者西人云‘肥’也，以地土肥饶，故名。（西游记曰寻思干城，万里外回纥国最佳处，杜环经行记曰：萨末建土沃人富，小有神祠，名‘拨诸’，湛然集12怀古诗：‘感恩承圣敕，寄信到寻思’，自注：寻思虔，西域城名。西人云，寻思‘肥’也，虔‘城’也。通谓之‘肥城’。）甚富庶，用金铜钱，无孔郭，环城数十里皆园林，飞渠走泉，方池园沼，花木连延，诚为胜迹。瓜大者如马首，谷无麦糯大豆，盛夏无雨，以葡萄酿酒，有桑不能蚕，皆服屈眗，以白衣为吉，以青衣为丧，故皆衣白。……”

又撒马尔罕于马可波罗行记书中称之为一‘名贵大城’其注云：

“撒麻耳干，一古城也。希腊史家名之曰Marakanda，亚历山大在宴中手刃Clitus即在此地。伊斯兰教徒侵入之初，为亚洲名城之一。今日尚为伊斯兰教徒之一圣地。帖木儿曾定都于此。其墓今尚可见。……”行纪15页。

又陈诚奉使西域，曾过撒马尔罕，其记载该城之文，最足珍贵。今录于后：

“撒马儿罕在哈烈之东北。东去陕西行都司肃州卫嘉峪关9,900余里。西南去哈烈2,800余里。地势宽平，山川秀丽，土地膏腴。有溪水北流，居城之东，依平原而建立。东西广10余里，南北五六里。6面开门，旱干濠深险，北面有子城，国王居城之西北隅，壮观下于哈烈。城内人烟居多，街巷纵横，店肆稠密，南西番客，多聚于此。货物虽众，皆非其本地所产。多有诸番至者，交易亦用银钱，皆本国自造。而哈烈来者，亦使。街坊禁酒，屠牛羊，卖者不用腥血，设坎堤瘗，东北隅有土屋一所，为回回拜天之处。规制甚精，柱皆青石，雕镂尤工，四面回廊宽敞，中堂设讲经之所。经文皆羊皮包裹，文字以泥金，人物秀美，工巧多能，有金、银、铜、铁、毡罽之产，多种白杨、榆、柳、桃、杏、梨、李、葡萄、花红、土宜五谷，民风土俗与哈烈同。”见使西域记。

又撒马尔干“明史谓：元太祖荡平西域，易前代国名以蒙古语，始有撒马儿干之名。按元史皆称‘寻思干’，或云：‘薛迷士干’，惟西北地附录称，‘撒麻耳干’，丘长春西游记作‘邪米思干’，元秘史作‘薛米思坚’，亦作‘薛米思加’，耶律楚材西游录：寻思干者，西人云‘肥’也，以地土肥饶，故以名”。得此注释，于是寻思干薛迷思干等称，皆可豁然贯通。西人云此为邻部之称，若其本境自称,为'撒马儿罕'。唐书西域传:"康者,一曰,萨末鞑,亦曰飒末建,在那密水南。"唐玄奘西域记亦云:"飒末建国,唐言,康国也。"那密为纳林之讹。撒马儿罕与萨末建,飒末建同条共贯,著于唐书。曷尝是蒙古语?更征诸塔什干,塔什干即唐之石国。唐书:"石国西南五百里至康国。"今自塔什干至撒马耳干,道里适合。康,石二国,可以互证。徼外之地,已则不考,而漫以诋人,明史于是乎失言矣。明史又谓:"撒马尔罕即汉罽宾地,隋曰漕国,唐复名罽宾,此真臆说。"元史译文证补 62 卷 374 页。

③ 钧注:帖木儿帝国书上曾记征集工匠之事,今摘录之于后:

"帖木儿之取大马色,并未用何种兵力。大马色的长官,虽严禁居民乞降,居民仍缒使者下城,商议条件。投降时,帖木儿伪若表示善意,同一种信仰宗教的热忱,手持念珠,责城民之犹豫,并责其不应轻视预言人一个妻子乌木哈必技的坟墓,他说:将为之建筑一个庄严的墓堂;要求城民献战赋 100 万底纳儿;并命开具城内殷富绅商民册。帖木儿取了外城以后,不久就得了内堡。借口一种误会,命居民献纳前次所要求之金额十倍。于是尽夺财货,俘居民为奴婢,选巧匠良工,送撒马尔罕。"书 48 页。

④ 钧注:元史译文证补之忽炭条下云:"和阗,唐书于阗国,有瞿萨旦那,屈丹豁旦诸称,西人考之,瞿萨旦那,本乎梵音,当是印度人之称,突而克人云:'屈丹'波斯,阿剌比人云:'豁旦',夫瞿萨旦那为印度梵音,自是确论。若屈丹,豁旦之分,正恐未必。元秘史作'兀丹',元史又作'斡端',耶律楚材西游录作'五端'。"书 35 页。

又明书有于阗条云:"于阗大国,在葱岭北 200 里。东西 5,000 里,南北 1,000里。汉,唐皆入贡中国。石晋时,王李圣天自称唐宗。遣人入贡,封为大宝于阗国王。宋末南迁,朝贡不绝。永乐 6 年,头目打鲁哇亦不剌金,遣人贡玉璞。12 年,吏部员外郎陈诚至其国,国主微弱,邻国交侵,人民仅万计,皆避居山谷间。境内惟大州鲁陈,哈失哈力,稍有城邑;余皆荒垣败屋,生理萧索。永乐以后,西戎奉职贡,不敢辄相攻,始得休息。行贾诸番遂富饶,桑、麻、禾、黍,宛如中土。人机巧,喜浮屠法,好歌舞,工纺织,相见辄跪得问,遣书戴于首乃发之。稍知尊卑礼节,状貌亦似华人。其山葱岭为大岭。下有白玉河,绿玉河,黑玉河,产玉、胡锦、双峰驼、诸香珠、珊瑚、翡翠、琥珀、花药布、名马、腽肭脐、金星石、水银、狮子、阿魏,后间入贡。"书 331 页。

又马可波罗行记附注中,亦论及和阗产玉之情形。今摘录之于后:

"葡萄牙耶稣会士,鄂本笃神甫在1603年,经行此地,叶尔羌时记述有云:'此地是一名城,商人商货,皆辐辏于此。商队之自迦补尔(Kaboul)来者,止于此城。复组商队,进行契丹……其贸易之物,价值贵重,重者仅有碧玉(Jaspe)。玉有两种:一种较贵,产于和阗(Khotan)河中,采之之法,几与采珠之人,没水求珠之法相同,别一种品货较劣,出于山中。'按此物即中国玉石(Tim Kowski),谓采于河中,块大者对径约有一尺,小者仅有二寸。其重量有至12磅者,其色不同,有白如雪者,有绿如翡翠者,有黄如蜡者,有红如银珠者,有黑如墨者,若羊脂、朱斑、或碧加波蔆,而金片透露者为尤贵。"书152页。

⑤ 钧注:此即所谓七年战争之役,始于1399年9月10日,终于1404年7月,实际上只有五年,载于舍利甫丁书二册181至212页。

⑥ 钧注:明史列传,撒马尔罕条有云:

"……明年(洪武28年即1395)命给事中傅安等赍书币帛报之。其贡马,一岁以再至以千计,并赐宝钞偿之。成祖践祚(1403),敕谕其国。永乐3年(1405)傅安等尚未还。而朝廷闻帖木儿假道别失八里,率兵东,敕甘肃总兵官宋晟儆备。5年6月,安等还。初安至其国被留,朝贡亦绝;寻令人导安遍历诸国数万里,以夸其国广大。至是,帖木儿死,其孙哈里(勒)嗣,乃遣使臣歹达等,送安还贡方物。……"332卷。

又哈烈条下有:

"……元驸马帖木儿既居撒马尔罕,又遣其子沙哈鲁据哈烈。洪武时撒马尔罕及别失八里咸朝贡,哈烈道远不至,25年遣官诏谕其王。赐文绮彩币,犹不至。28年,遣给事中傅安,郭骥等携士卒1,500人往,为撒马尔罕所留不得达。30年(1397)又遣北平按察史陈德文等往,亦久不还。成祖践祚,遣官赍玺书,彩币赐其王,犹不报命。永乐5年,安等还,德文遍历诸国,说其酋长入贡,乃以道远无至者,亦于是年始还。"

由上观之,1404年克拉维约在撒马尔罕所见之中国使臣,应为被羁留之给事中傅安,郭骥等。于此期中,对中国朝贡亦绝,至1407年,方送还使臣。

⑦ 钧注:按帖木儿之接待中国使者事,德国游客细尔脱白格游记上亦载之:

"明初,有德国游客约翰细尔脱白格(Johanan Schitbargar)者,尝至中央亚细亚察合台国,执役于帖木儿之军队多年,至 1427 年(明宣宗宣德 2 年)始归德国。著有游记一书,其中略记中国。盖在帖木儿朝廷时所亲见者也。其言如下:'契丹国大汗遣使带马 400 匹,至帖木儿之廷,责取贡赋,盖帖木儿不入贡者,已 5 年矣。帖木儿引使者至其都(撒马尔罕),继乃遣之回国,告以归后,须报告契丹大汗帐:帖木儿自此不复称臣纳贡于大汗,不久彼将亲来见大汗,使之称臣纳贡于帖木儿也,使者归,帖木儿下令全国,亲征契丹,征集大军 180 万人,东行一月余,抵沙漠,须行 70 余日,始得越过,水草缺乏,天气寒冽,马死者甚众,帖木儿乃归国都,病死'。"(见中西交通史料汇编 2 卷 140 节)。

⑧ 钧注:此系指明太祖薨于 1398(洪武 31 年),太孙建文帝嗣立,终引起之废藩及靖康之乱,帖木儿即于是年未再朝贡,至 1404,恰为 7 年。至于所述明初乱事经过,克拉维约颇多根据耳闻,故不免陷于错误。所谓大太子,应为懿文,彼早年即去世,举火自焚之事,恐系指建文帝而云。

⑨ 原注:汗八里系忽必烈汗所建之大城,即今日所称为北京者是也。此处当为康八里(Kan Baliğ),亦有书为"汗八里"者,"帝城"之谓也。

又钧案;马可波罗来华时,目睹旧日北京之雄伟,广袤,于其形势及建筑,皆有详细之叙述。而 De I Isle 氏之北京志上,关于此城名称及沿革,更多有价值之解释,例如:

"……汗八里此言'君王,城也。汗(Kan,Han),犹言'帝王',巴勒哈惕(Balgat)巴勒哈孙(Balgasun)八里黑(Balik)等字,在鞑靼语中皆犹言'城'。今北京城址附近,古昔有一要城,纪元前 1121 年,黄帝后裔某受封于蓟,中国考据家以其城在今城西北三四里。纪元前 723 年,至纪元前 221 年间,蓟为燕国都城。秦始皇灭燕,此城降为州郡。历称曰蓟、曰燕、曰幽州。986 年,辽以为南京,自是以后,迄于今日,除中间有短期之中断外,常为京都。1151 年金建中都于此,领大兴,宛平二县,与今同。至 1251 年成吉斯汗取金中都时,亦名燕京。嗣后仅在半世纪中,降为州郡治所,忽必烈汗自哈剌和林徙都燕京,在 1264 年,1267 年间,于燕京旧城之东北,建一新城。1271 年汉人始名此城曰大都。蒙古人则名之曰汗八里。金之旧城,在元代名曰南城,而新城,则名北城。明嘉靖时(16 世纪)建外罗城(欧洲人所称之汗城),燕京故迹,遂不复存矣。"

关于汗八里之旧址,据上述记载,应较目下北京为大。明代洪武帝以旧城过大,将北城削去5里。今城北五里,有土城尚存。而辍耕录及新旧元史所著录东西两城之城门,齐化平则二门之北,别有二门,则旧城超过今城之北,为说可信。马可波罗谓:"中楼在城中央",亦可参考。当日之汗八里之面积实为广袤。至于克拉维约所载大于塔布里士20倍,则又未免过甚矣。

⑩　原注:中国明朝历代皇帝中,并无一信仰基督教者。

⑪　钧注:克拉维约所述之女儿国,并非目睹,而系传闻,其确实地点,亦未指出;只谓处于赴中国之大道上,隶属于中国。地名既不具,是否有其事,实难揣测 。13世纪中,马可波罗游印度时曾谓:"有男岛,女岛。"考据家曾例举与此相类之传说十余则,以证此女人国为时无分古今,地无分东西,悉皆有之故事云。

⑫　钧注:金帐汗国之来源,为成吉思汗长子术赤有子女40余人,分地最大者三人:曰拔都(Batu),是为金帐汗国,一称西钦察(Kipçak),或昔班(Siban),是为青帐汗国,日斡鲁朵(Ordu),是为白帐汗国,一称东钦察。此处所述之脱克迷失,即为拔都之后。初与帖木儿合作,其后叛帖木儿而屡作袭击。然于1394,1395两役中,皆遭败北。1395之役,即发生于泰来克河畔,是即克拉维约所述者。脱克迷失死于1406,即帖木儿死后之一年而故去云(参阅帖木儿帝国20页)。

⑬　钧注:迦法为克里米半岛上之要港,原属东罗马帝国,后为吉那哇人及鞑靼人所分据。1342年,双方曾为争此地,致起战争。鞑靼人以兵围攻迦法城,但未能封锁交通,故不得不依维尼思国之和解,承认吉那哇人侨民,有一种法定的存在。鞑靼人得此迦法,设置一个官史治里。鞑靼人后来冲突屡起,足证此种和解,并不彻底(见帖木儿帝国27页)。

⑭　钧注:爱密耳胡三(Hussin)原为帖木儿姻兄弟。1361年时,秃忽鲁帖木儿汗乘河中之乱,引兵略取其地。帖木儿及胡三同避难到尼古答里及赫匝来(Hezare)两个部落。及秃忽鲁帖木儿汗取了撒马尔罕以后,就命他的儿子也里牙思火者(I'yas khodja)镇守其地,并命帖木儿为其参谋。其后不久,为也里牙思火者左右所侮,就弃职他往。与爱密儿胡三结合,同谋恢复河中。无何,秃忽鲁帖木儿汗死,他二人遂起兵于1364年。也里牙思火者与战不

胜，遂重复渡乌浒河，退走不花剌。有个怨家，爱密哈马儿丁乘势杀也里牙思火者，尽屠其家族。……帖木儿御极之时，实在始于者台，花剌子模两地之侵略，诸役始于 1369 年，至 1380 年才告终。这些战役是他最困难的战役。……帖木儿以兵攻其从前同盟的胡三，围攻巴里黑，拔其城，胡三遂降。帖木儿伪许之，命其往朝圣地，遣人杀之于中道，于是帖木儿在撒马尔罕宣布他是成吉思汗系之继承人，察合台汗国的君主(见帖木儿帝国 31 至 32 页)。

第十六章　自撒马尔罕返归塔布里士

有关帖木儿之种种问题，既经述过之后，于返归祖国途上，我们所遇到之种种事变，无妨在此叙述一下。使团离开撒马尔罕之际，除有埃及专使同行外，尚有数人亦与我们搭伴同行。其中有一人为土耳其某宗王之兄名阿拉曼·奥郎(Alaman Oğlan)；又有原系从西瓦斯或阿洛特洛哥(Altologo)[①]或波拉特(Polatada)来此之人，现在亦与我们搭伴，一路归国。帖木儿之总管亦对此同意，命我们全体一律速离此间。我们此次归去之路，与来时不同。此次则出撒马尔罕往西直行，向鞑靼境进发。

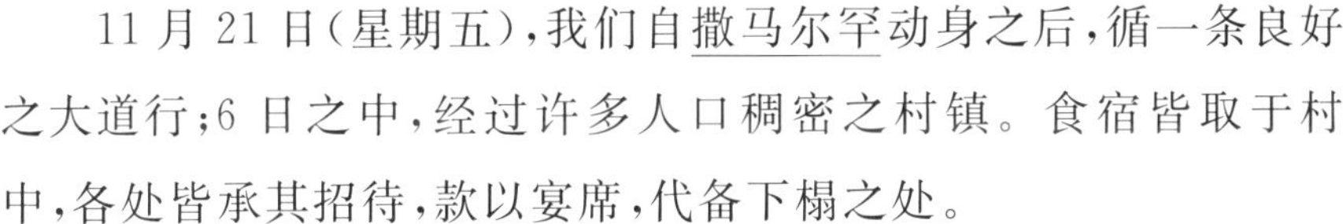

11 月 21 日(星期五)，我们自撒马尔罕动身之后，循一条良好之大道行；6 日之中，经过许多人口稠密之村镇。食宿皆取于村中，各处皆承其招待，款以宴席，代备下榻之处。

11 月 27 日至名布哈拉(Buhara)之大城。[②]城位于广袤之平川上，墙垣系砖所垒。城边有壕沟，及砖砌之堡垒一座。此间不见有以石料作建筑材料者，其原因，据云：附近少山，故无石料出产。堡垒前，河水流过。城外建有华美之别墅多处。布哈拉附近，米、麦、牛、羊、名酒等，皆有大量出产，商人亦多富厚。经过此城时，城主对我们除作种种供给外，又赠每人马一匹。

于归途上，所经过之城市，除择其重要者，加以叙述外，其余则不再赘述;因为归途上所经过各城市,大部分为前面所曾叙及者。

布哈拉城内停留之7天中,曾降过一场雪。12月5日,我们启程续行;3日间所经各处,则见人口繁庶,土地肥沃。沿阿母河两岸,到处村落相望。我们曾在一村内稍息,作穿行一段沙漠地带之准备。沙漠地带之长,须行6日,方能穿过。在村中作20日休息之后,即于12月10日动身,渡过河,河之两岸沙滩甚宽,经风力昼夜吹煽,滩上细沙,作海浪形。阳光映照其上,所反射之强光,明耀夺目。在沙漠上往来,或寻觅路径,极为困难;只有善追人踪者,方能寻出途径而行。此间称沙漠中之向导为卜人(yamçi),我们穿行沙漠时,也雇了一位卜人作向导。即使向导,亦不免有时迷失途径。沙漠中,只于每日路程之尽处,设有一口并;并上建有高亭,以便寻识。12月14日,停息在一座村内。星期一及星期二未行,星期三起,五日之中,又继续穿行另一片沙漠,而至有充畅水源之处。过沙漠时,见其中有沙山一座,其炽热之程度,虽在12月之中,尚有难于忍受之势。沙漠间行走数日,其辛苦迥异乎寻常。

12月21日,我们达到巴瓦德(Bavard)③村,地在呼罗珊境内一座大雪覆盖的山顶上。天气极其寒冷,村外四周亦无墙垣庇护。我们于村中停数日后,换过坐骑,重新登程就道。自星期日至星期四以来,数日之间,多承村人厚意款待我们这些远客。12月25日为圣诞节,同时为基督教1405年之元旦。我们离开巴瓦德村,续由山路向前进发。四面大雪封地,满目荒凉,不见人烟,如此者凡5日。

1月1日(星期四),我们进抵一片平川上之哈布珊④(Hoboşan)城,当日及星期5,皆留于该处。哈布珊为入麦德(Med)境后之第一座城。1 月 3 日又离开此间，路上极为平坦。天气渐暖，见沿途积雪，已渐融化，夜间亦不觉寒冷。1 月 5 日，穿过两座村庄，抵乔加来姆(Jojarim)城。此城亦无城垣。此处已接近我们赴撒马尔罕大道。在乔加来姆休息 2 日之后，星期三动身，穿行一段荒野地，夜间露天而宿。

星期四傍晚之际，行至一座热闹之村落。两日以来，我们沿一红色山旁而行，山顶虽遗有积雪，不过气候很暖和。星期五，又前行，终日未遇一人。星期六，抵百斯坦姆(Bastam)城。在此仅休息一日，续向达姆岗行，及至距城有 10 里之地，忽然刮起一阵寒风，其寒冷之剧烈，使我们在路上耐不住；即属马匹牲畜，亦感到冷风之威胁。及抵达姆岗后，有人告诉我冷风吹来之原因如次：

据当地人士所谈："此城之外围之大山上，有山泉一口，逢有物品堕落泉水中时，城外即起风暴。地方人见有风起，立刻派人上山，将泉水内之物品加以清除，暴风可以立止。"⑤

我们在此城休息了两天。

1 月 15 日(星期三)出发，不曾向菲卢兹·鲁哈大道行。因为大雪封山，路已不通，因此我们取路于右方大道。次夜，我们在一所大空房内过夜。3 日之后，行抵塞姆南(Semnan)城之际，是为麦德境内最后一城。自此间起，伊朗已经落在我们后面。

塞姆南城，虽为一座人口稠密之城市，但其四围，未修城墙。我们在这里休息到星期一，随后起身。于 1 月 23 日到维拉民(Veramin)城。此城虽属庞大，但是房舍建筑，殊为简陋，地属刺夷境内。帖木儿之婿苏来曼·米尔咱驻于此处。我们又与巴巴·筛海(Baba Seyh)者相晤，前次我们赴撒马尔罕途中病倒的随从人员，即托付他们两人照顾。及我们于归途上重抵此城时，见他们已经痊愈，不过其中二人，已因病重身亡。两位贵人对所留下之几个患者，照顾极其周到，一切需用，皆予以充分的供给。

驸马苏来曼·米儿咱欢宴过我们之后，巴巴·筛海亦曾招待我们一番，席散，我们即行动身。夜间宿于道旁一座堡内。

1月29日至撒哈拉坎（Şahrakan）城，自此处转而向西北。2月3日（星期一）抵喀兹温（Kazvin）城。其内建筑，多遭残毁。我们就住在这座房屋破败的城内，虽然如是，此城尚不失为塔布里士至撒马尔罕之间所见到的最大城市。城内街道为大雪所遮盖，居民正在扫除积雪，开辟道路。各家皆恐积雪压塌屋顶，所以随时将房上落雪扫开自星期二至星期五，皆留在喀兹温城；因为大雪封路，无法前进。城中居民，于我们停留之际，招待上极其殷切。

凡为觐见帖木儿而去，或觐见归来之使臣，沿途到处，皆有当地人供应。这是此间之规矩。帖木儿亲族中诸王子王孙，亦享受此项款待，无论行至境内何处，9日之内，所有食宿，皆由地方预备。一切开销，皆由地方人分担。

星期六再上路，地方人士为沿途开辟道路起见，派30名伕役，随我们同行。自喀兹温居民中征来之伕役，一路陪我们行抵一座村前才归去。临行把照顾我们的责任，委托给邻村中人。其时大雪纷纷降落，高山与平地，自远处望去，几乎不可分辨。雪色反映出之光线极强，使行人或兽类的眼睛因炫耀而感模糊。因之行至繁盛之大城苏丹尼叶之前，一路上所经各村镇，已然分辨不出其为何处。2月3日（星期五）抵城后，休息了一周。此城在前文已叙及，兹不赘述。苏丹尼叶[6]城，的确为伊朗境内雄壮而华丽之大城。虽以四周缺乏城墙而难防卫，不过城旁建有坚固堡垒，亦足供守护之用。

在苏丹尼叶城坐候8日之久的原因，是在等候帖木儿之孙，伊朗总督奥玛·米儿咱传见之信息。奥玛·米儿咱现正在卡拉巴附近，建起大营，即在该处过冬。自苏丹尼叶赴卡拉巴最简捷之路径是往北行之一线，但是须穿过高山峻岭。而此际山道已为大雪所封塞；我们原拟等候几日，积雪可以融化，而大雪愈降愈大，我们终于接受旁人的劝告，走向塔布里士，再转赴卡拉巴。2月21日（星期一）从苏丹尼叶启程，晚间宿于赞章（Zancan）。星期二至米亚那（Miyana）。星期三停于通古村（Tongo）；经乌兰那（Ujana），至2月底之星期六，行抵塔布里士。

此间人士，特别指定基督教之亚美尼亚人住宅，为我们下榻之处，招待上自然极为周到，3月3日（星期二）坐骑已经备妥，即准备动身赴王孙奥玛大营而去。

沿途广袤无垠之平原上，青绿遍野。其地鲜见降雪，终年气候温和；以此奥玛·米儿咱，选此间为过冬之地。3月5日，我们会同埃及土耳其使臣，一同自塔布里士动身向卡拉巴平原进发。

前次帖木儿派往西班牙之鞑靼专使，此际陪同我们至各处，因此每到一地，皆借其力得以享受到盛意招待。鞑靼人对陪送或引导外国使臣之官吏，称之为“扎古来”（Cagaul）。赴卡拉巴一路上，随员中除教士一人，及侍者数人同来外，其余各人，皆在塔布里士候命。向卡拉巴进发2日后，于道上遇有王孙奥玛之来使，命我们立刻转回塔布里士，即在该处静候召见。我们即奉到回塔布里士休息，及在该地候见之命，只好转回。王孙并嘱咐城中长官，善为招待，所有开销，由大营支付。⑦

在塔布里士城内，为候命而勾留多日。直至3月18日(星期三)所候的命方到，又召我们赴卡拉巴。3月19日(星期四)自塔布里士动身，向北翻过几座山头之后，入于一片有花园及村落的盆地。此间气候温和，盛产葡萄；其他果产，亦极丰富。阿拉斯河(Aras)之水，灌溉此地，续行4日，穿过此段盆地之后，进抵广大之平川，居民繁庶，而皆安居乐业。以所种稻田之收获既多，其他农产，亦敷一方人民之食用也。米产之丰，以至用以喂马；惟不见豆、麦之属。王孙奥玛之大营，即建于此处，3月25日，由鞑靼人先行赴王孙处通报，我们随后缓缓而进。此时距大营尚有百余里之遥，忽然迎面遇有行人来告，王孙大营叛变，不可离近，莫若暂且退回，以免发生不测。我们当时向他们打听这次事变原因。据谓，帖木儿之大军统帅只汉沙，意欲谋杀王孙奥玛；王孙闻讯，下令捕杀只汉沙。此际只汉沙之部下已然叛变，击袭奥玛部下队伍，因此王孙奥玛退过库耳(Kur)河，将浮桥拆除，船只沉没，继续抵抗叛军。此时无人能制止叛变，全军陷于混战，秩序已遭破坏云云。

我们接到此讯之后，立时招集使团各人，作一集会，讨论进止问题。经多数人议决，仍继续前进。于是我们于5月26日(星期四)行至王孙奥玛的营外，派人入内通报，称我们在此候见。

不过大营的形势，已极混沌，往来出入之人，不计其数。我们等候之间，王孙派来一位察合台族人传信，谓："王孙以军务倥偬，不克分身接见。命我们先归塔布里士候命，倘有需用，皆可提出要求，并由彼陪送往塔布里士，并负责照料一切云。"我们于是再乘征马，重返塔布里士而来。

此际王孙奥玛驻军库耳河南岸，所率骑兵，尚有45,000之众，其他部队尚分扎于各中心地点。

帖木儿因为每年照例在此过冬，所以曾建一城池，名巴夷拉康[⑧](Baylakan)城，并移来人口2万，以充实之。

与奥玛对垒之只汉沙，为帖木儿之外甥。因其系帖木儿之近亲，所以素日人人对之极为敬重。只汉沙所辖之地既广，人口又多，而拥护者亦众。帖木儿任奥玛为西部伊朗之总督时，只汉沙被任为其辅佐。

只汉沙对下颇具威严，令出必行。因其所行之令，与出自帖木儿者同也。至于其与王孙奥玛终至出于互相仇杀[⑨]者，各方所传来之消息，恰恰相反。据一方所传，帖木儿之孙奥玛，因为平日畏忌只汉沙，所以谋将其加以杀害。帖木儿死后，只汉沙谋脱奥玛而独立，极有可能。因之，奥玛早怀戒心，为消灭劲敌计，先下手为强。此说亦不能谓之无因。此外，只汉沙既任全军统帅，又为察合台族之部长，王孙唯恐其一旦叛变，谋夺汗位，故先发以制人。

第一种传说，大致如此。另据传说谓：只汉沙接到帖木儿死讯之后，立刻率引大军，全体武装，奔赴所召集之宗王大会而来；行至此间，迎面遇到奥玛之至友伊斯兰教师某。因奥玛曾将只汉沙所爱之情妇，赐与此人，所以平日即深为嫉恨之。再加以其他种种原因，早思泄愤；今只汉沙与其狭路相逢，当即执而杀之。只汉沙杀过伊斯兰教师某人后，乃仗剑冲向王孙奥玛之营垒而来。奥玛之侍卫军士，见来势不妙，立刻来守卫王孙大帐；此地即当年鞑靼人部长爱底古所叛变之地，只汉沙意欲冲入奥玛之帐内，为侍卫所阻。此时有鞑靼部长某人自帐内出，问只汉沙：“意欲何为?”只汉沙答："有要事，欲入内面告王孙。"鞑靼贵人入内通报之时，奥玛命其杀之。鞑靼贵人自帐内出，直趋只汉沙前，挥剑斩之。只汉沙部下见事败，遂走散逃亡。奥玛乃将只汉沙首级，送往镇守巴格达之父米兰沙及兄阿卜白克处。附有函一封，内称："祖父帖木儿已故，自己即将所部，归附于父兄之下，请父前来接管。父既为帖木儿之继承人，宜登大位"云云。又据传来之消息，米兰沙见只汉沙之首级送到，对其次子奥玛，大为恐惧，因此召集于维扬（Viyan）平原上之宗主大会，决定不去参加。

至于撒玛尔罕城所发生的事变，据人传说如下：帖木儿死于兀答剌儿（Odrar）之后，鞑靼贵人及宫内总管等，拟秘不发丧，先将撒马尔罕堡垒内之宝库，加以掌握。但死讯，不俟通报，早为宫内侍役，透露于外。

帖木儿去世之际，王孙哈里勒苏丹[10]正在撒马尔罕。此人亦系米兰沙之子，于接到帖木儿死讯后，即将部下及本系宗王等召集来。同时将帖木儿生前最有权势之总管3人加以拘押，所有内宫及府库分别占据。

3位总管中，有一名已被处死，名为布突都（Butudo），系王孙奥玛所杀之只汉沙之子。其余二人，后得脱逃，投奔帖木儿之幼子，即此时镇守呼罗珊之沙鲁哈处去，避于其境内哈烈城。哈里勒既将布突都处死，其他二总管逐出，乃得进据撒马尔罕之堡垒，获得宝藏，俨然国都中之主人翁。一方忙于安葬祖父，一方遣人报告其父米兰沙谓欢迎其来，所有库藏，皆经封存，敬待接收。一俟来到，即拥护其父继承帖木儿之汗位。王孙哈里勒并谓："内库所藏，极为充盈，以此号召察合台各部，定能使之全体来附"云。实际上，鞑靼人亦多为一趋利之徒耳。

如此说来，米兰沙之继承汗位，已无问题。但王孙哈里勒令使者附带转达"米兰沙之妃，汗则黛方面，对此事或有异议。虽然王孙为其父母间之不睦，而曾进劝解。但妃主对其夫既惧且恨，一旦米蘭沙来撒马尔罕，与其同居宫内，不免有其他事件发生"云。此为王孙于欢迎其父米兰沙之余，所附之声明。同时妃主汗则黛最明显之意向，则在劝其子哈里勒登位，此际正在引之上路。

我们与王孙哈里勒熟识。彼时年方22岁，面白微胖，与其父米兰沙之相貌相仿佛。当我们在撒马尔罕之时，屡次承其赐宴。

关于帖木儿死讯之传播，亦有直得一叙之必要。帖木儿死讯正式传出之前，曾有两次谣传其死。据说此种假消息之播出，皆在考察有无不逞之徒，闻讯叛变，借以清除不稳分子。因此，最后一次帖木儿之真实死讯传到时，无人敢信以为实。仍有若干人，信其未死，此正是我们屯在塔布里士候命归国之际。因之有人谣传帖木儿仍健在，正调集军队，拟远征埃及，讨伐埃及苏丹。

米兰沙在巴格达接到其父帖木儿的死耗之际，同时大军统帅只汉沙之首级，亦由其子遣人送到。其次子奥玛在塔布里士西百里维扬平原上所召开的宗王大会，亦请其莅会。会中即为议论何人继承帖木儿汗位问题。米兰沙于闻悉之余，即携长子阿卜白克自巴格达来与会，但行至中途，未抵维扬之前，侦悉其次子奥玛，于维扬附近，屯集大军，势力远超其父兄之上。同时闻有通令苏丹尼叶及塔布里士之间各地军队，听候调遣之举。米兰沙显其次子调动大军，心中有所戒惧。于是停于中途，遣人向奥玛质问原委。使者归来，谓："奥玛为调军防守边疆，同时欢迎其父就汗位，特遣军镇抚各地，实无他意。”此际长子阿卜白克拟约其弟奥玛，单身来会，拟乘其不备，挟之以归。米兰沙认为不妥，亦未允其行。

奥玛与阿卜白克本是一母所生之亲兄弟。此刻其母，亦在米兰沙之侧，闻讯单身来会其次子奥玛，向其解释：“此次其父兄，皆以信赖之心，来莅会，并谓帖木儿汗位，最合法之继承者，应为其父米兰沙”。奥玛当时宣誓曰：“倘有异志，愿遭真主之惩谴！”并谓：“对其父之继任汗位，毫无异议，对其所命，无不遵奉。”其母见其既表明心迹，可无问题。乃返归丈夫米兰沙大营，谓其次子已提出保证，绝无二意。米兰沙因命长子阿卜白克赴奥玛处，将就位问题详细商讨，并决定登位日期。

阿卜白克奉命之后，即刻起身前来，随行除卫队外，并无其他队伍，奥玛见其兄之从人轻简，乃决定不露声色，将其兄拘留。俟阿卜白克入帐后，奥玛假作亲热，让之共座，不久，即令部属将其兄拘押。此时帐外阿卜白克之随身卫士，约 500 人见事不佳，逃回米兰沙处，报告经过。阿卜白克被拘之后，钉上铐镣，送往苏丹尼叶堡垒，囚禁起来。王孙奥玛继而又向其父之大营进袭，意欲将其父一并捉获。米兰沙闻悉，星夜引军退去。途中取道剌夷境上，与妹丈苏来曼·米儿咱会晤，即暂避该处。附近之察合台族部长贵人，宗王等多人皆相会。⑪

奥玛及阿卜白克之生身母，闻其长子为其次子所囚，乃来奥玛大营，面见其次子，敞开胸怀，谓奥马曰：

“……我儿！我为你等生身之母，他为你之亲胞兄。世人尚知敬爱其手足同胞，你何以欲置之死地？”言毕大哭。奥玛上前假作劝慰：“拘禁胞兄之事，乃由于言语上冲突而起，虽然本身违誓而行，皆为拥护其父登位之事，以致主张上分歧”。奥玛口头虽如此诡辩，心中另有所图，他既将长兄囚禁之后，又想乘机再扩张势力。奥玛之手段，既如此毒辣，所有察合台人，对之皆显畏怯。前次对其母所提出之保证，目的即在连其父在内，一网打尽。

此后，米兰沙离开剌夷，向撒马尔罕进发，王孙奥玛在后追赶，拟四面包围，将父俘获。同时乃与其叔沙哈鲁合作，反抗其父米兰沙。据传，奥玛与沙哈鲁两方所订之协定，系将帖木儿帝国全境，由叔侄二人平分；俟米兰沙经过哈烈城时，即由沙哈鲁下手将其扣留。米兰沙既探悉其弟与其子，正在协议暗算，所以行至呼罗珊境时，暂行停住。一方派人赴其次子奥玛处议和，因为再往前去，不无危险。近闻双方已提出条件，然意见未能一致，故情事仍未能解决。

据我们听到之消息，奥玛扣押其兄阿卜白克之后，曾将其兄之马尔丁妃废去，送往妃之父所。

---

①　原注：阿洛特洛哥(Altologo)或即中古世纪介乎伊兹米尔(Izmir)及爱菲斯(Ffes)两地之间之阿洛特包斯科(Altobosco)之地，即今日可罗芳(Kolofon)城之所在地。

②　钧注：关于布哈拉，元史译文证补上有不花剌条：

“不花剌，图在撒马尔罕西偏南，其为布哈尔无疑。元史皆作卜哈尔，亦作蒲华剌字；收音仅此一见，案西国舆图，布哈尔都城，称为布哈拉，与此正同。元史人名不花者，皆应作布哈，义为‘牤牛’也，西域人云：‘最古之城’，唐中宗时属于阿剌比。唐昭宗时，西域之萨蛮朝建都于此。案：唐书西域传安者一曰布豁，又曰捕喝，而濒乌浒河。布豁，捕喝皆布哈之异译。”书页 345。

又 13 世纪时，马可波罗于行记中述其父及叔曾留居此城 3 年，其注中有：

"……不化剌一名'邻城',一名'伊斯兰教之罗马',一名'寺院城',当时在东方诸城中,为文化之中心。不花剌传说有云:"大地之上,他处光明,自上而下,然在不花剌则自下而上。摩诃末升天时亲见之。"虽经成吉思汗之残破,不久即见恢复。在14世纪时,尚为文化之中心,与极西伊斯兰教国Seville,Granada,Coadova三城之境况同,然则今日,则衰微矣。……"花别利撰,一矫装教士之中亚行记157—183页。

又陈诚氏之西域番国志上,有卜花儿城条:

"卜花儿在撒马尔罕之西,700余里,城居平川,周10余里,民物富庶,市里繁华,户口万计,地平衍,宜五谷,桑、麻,天气温和,冬不升火,蔬菜不绝,产丝绵、布帛、六畜悉有之"。

③ 原注:此村今名为Ebi Verd。

④ 原注:此地今名Kulan。

⑤ 原注:据Müstevfide Nüzhet书上,亦有同样之记载。

⑥ 钧注:苏丹尼叶见于元史译文证补之孙丹尼牙条。

⑦ 原注:西班牙专使于11月间离开撒马尔罕之时,帖木儿正在患病,命在旦夕之际,故不及辞行。其后帖木儿病体痊愈,12月间即调集大军,准备东侵中国,1405年1月间,全军进发,2月间涉水渡乌浒河,军次兀答剌儿(Otrar),旧疾复发,27日死于该地。帖木儿死后,子孙争位之事,定然发生;然而撒马尔罕及卡拉巴间之距离甚远,即取最捷之路,亦有3,000哩之遥,即以帖木儿帝国内最讲速率之驿站方法,用驰者昼夜奔驰传信,亦须于20日后,方能将此讯送到。如此看来,帖木儿之死讯,最早亦须候至3月7日,方能传至塔布里士,此生死不明之期时,正克拉维约候奥玛召见之际也。

⑧ 原注:巴夷拉康城,系帖木儿所建,即定之为卡拉巴省之省城,其地与库洛河之间,以运河接连。

⑨ 钧注:关于只汉沙与玛奥间之仇杀事,帖木儿帝国一书上作记载如下:

"帖木儿凶问至,异密只汉沙之亲信数人,以摩诃末乌马儿,专事逸乐,劝只汉沙杀其左右,夺取政权。只汉沙为一沉湎于酒之醉徒,从之,执杀数人,摩诃末乌马儿之诸异密,捕杀只汉沙云。"

时有流言,谓"阿不别克儿集重兵于别失帕儿马克(Beş Parmak),将为只汉沙复仇，摩诃末乌马儿亦聚兵 47 队，及卫队精兵五千骑，将往会战，异密忽辛巴鲁剌思(Hosein Berlas)来告，阿不别克儿忠顺，实无异图，摩诃末乌马儿疑未释，从多数异密言，诱阿不别克儿至，并其后宫，拘留于孙丹尼牙。米兰沙闻讯，忧恐欲奔哈烈。……”书 104 页。

据上文所载，只汉沙实有意谋害奥玛，事未成而死。阿卜别克被拘，乃因流传其为只汉沙报仇也。

⑩　钧注：帖木儿死后，诸子孙争位之事，帖木儿帝国上亦略有记述。

“帖木儿死后，军中诸异密聚议，以为秘丧不发，不难制胜中国人同喀尔木(Kalmuk)人，遂决定仍尊帖木儿的进兵计划，并决定下列诸事：

(1) 全军由米儿咱亦不剌金(Mirza Ibrahim)率赴达失干投哈里勒。

(2) 在用兵时，奉哈里勒为君，时哈里勒年 21 岁。

(3) 组织一个摄政会议。

(4) 用兵完了，然后遵守帖木儿遗命。

顾帖木儿业经指定皮儿摩诃末继承大位，现在诸异密改奉哈里勒为主，由此二王间，激起一种长期战争。……”书 97 页。

哈里勒一方面，也颇有人反对。异密不伦都(Burunduk)者，势力甚强，先曾拥戴哈里勒，至是反对他，主张遵守帖木儿遗嘱，哈里勒被压迫服从，然不因此而绝望，也将军中的骡马，完全劫夺，分给他认为可靠的伊剌黑部诸异密，率之进取撒马尔罕。进军时，右翼首先离贰，渡乌浒河拆断渡河的船桥，然不能阻哈里勒次日之渡河。不伦都时统右翼，见大军已渡河，而撒马尔罕留守之倾向，未可知，遂赴哈里勒所请罪，许为之效忠，将以前对于成吉思汗遗嘱之一切主张否认。

时胁迫撒马尔罕不止一方，乌马儿洒黑之子，米儿咱忽辛率千人，欲袭此城，达失干城闻知，惊恐，急遣调重兵防守国都。兀鲁伯同米儿咱亦不剌金亦进向撒马尔罕，谋与皮儿摩诃末之军合，撒马尔罕的留守阿儿浑沙，将城门关闭，不放外军入，此人虽然明言，只知承认帖木儿所指定的嗣君，可是他暗地里正归心于哈里勒了，有几个异密去到阿里阿巴的(Ali Abad)谋抵抗。可是无济于事，1405 年 3 月 18 日，哈里勒已入撒马尔罕，被此城的绅耆，拥为君，为帖木儿治丧，夺其财宝，以赏士卒。书 98—99 页。

⑪　钧注：帖木儿帝国书论及帖木儿之子孙时：

“帖木儿的孙儿很多……米兰沙所出者一名乌马儿·米儿咱(Omar Mirza),为帖木儿所钟爱,远征西利西同小亚细亚后,帖木儿曾以一个广大领土,包括伊剌黑,阿剌伯(Iraq,Arabe),阿哲儿拜展,阿兰(Arran),末罕(Moghan),古儿只斯坦(Gourdjistan),失儿湾等地,分给米兰沙同其二子阿不别克儿,乌马儿米儿咱。乌马儿米儿咱年虽最幼,然奉命独执大权,一名阿不别克儿,因与其弟乌马儿米儿咱不和,被囚于孙丹尼牙。……”书 91 页。

第十七章　自塔布里士返归塞维尔

在塔布里士静候王孙奥玛召见之命。一日，忽接到王孙一封来书，其中多属温慰之词，谓："勿因久留不得归国而焦虑，一俟彼与其父间之冲突，得以解和，即当召见，并于举行饯别宴之后，任我们归去。"此信收到后若干日，至4月23日（星期二），我们正在寓所闲坐之际，忽见自外闯入官吏多人，将各人所佩之剑，及身边一切武器，一律缴去，并将寓所大门，加以封锁，然后宣读王孙奥玛最近之手谕。

据本城断事官谓："奉奥玛命，没收使团所有之一切物品，监视各人之行动。"等语，我们当答以："既然奥玛之命令如此，吾人除依遵之外，绝不作任何举动；因任何举动，徒使吾人痛心。以本使团系奉西班牙国王命朝觐帖木儿，借谋两国亲善而来。过去曾邀殊遇，享有优厚之款待。不料今日，竟遭如此苛待，使人不胜今昔之感，惟望念及帖木儿生前对吾人之厚德，予吾人以行动上之自由"。

塔布里士城断事官闻言谓："所奉奥玛之命，尚不止此；徒以上述关系，未认真执行，因而对使团，不加监视，亦绝无骚扰。"

话虽如此，塔布里士之官吏，对吾人丝毫优待皆无，甚至怀有乘火掠夺之念。因此，所有用品、衣服、金钱、马匹，以及鞍辔等，甚至手中应用之物，皆经夺去。临行又派人监视我们之行动，埃及，土耳其使臣,亦遭同样待遇。彼辈所有物品,亦遭洗劫一空。

事过20日之后,又奉到王孙奥玛书翰一通谓:“前次命部属所为之事,实无他意,幸勿以为念。目下与其父之修和,已在顺利进行中,不久即将动身来塔布里士50里外之阿撒来克(Asarek)堡,届时定当召见使团各人,备宴饯别”云云。不过所述尽系谎言,不足信赖,早为我辈所悉。其欺人之言,与谲诈之行,将与前次所为,如出一辙,因其与父讲和之事,迄无成就;而故意来信告我辈以在顺利进行者,则为散布和平空气,以防民心离散,部属携贰而已。此际察合台族诸王,以及军中诸将,皆不明事件真相,究竟将转变至何种程度,亦难判断。流言四出,所述各不相同。军队之何时出动,更乏知者;何况此间风气,惯以虚空示人,藏其真实。

坐候奥玛来阿撒来克堡召见之际,忽闻国王乔治(Corç)叛变之讯。其军队侵扰阿尼城及爱洛祖伦附近一带之后,又向塔布里士左近袭来,已有若干村镇,为其攻破,惨遭洗劫。

本城伊斯兰教人士,原希望奥玛亲自率军往讨,谁知奥玛以事务羁身,将塔布里士防守之责,付与一鞑靼人之统将任之。其人年届高龄,名奥玛·突班(Ömer Toban),于奉命之后,率骑兵5,000来御,夜间竟为敌人所袭劫,大部丧生;间或有逃回之残卒,现已返归塔布里士。城中伊斯兰教徒闻此败衄,大为震恐,皆以喀非儿得势,伊斯兰教徒不免被害为虑。按伊斯兰教徒称异教徒为喀非儿(Kafir)。

塔布里士之人士,皆谓此番挫败,其过不在军士,而在王孙奥玛本人。奥玛远不及其祖父之若有幸运者然。

当此之时,王孙奥玛见诱害其父米兰沙之计,既不得售;而和议又属无望，乃转回苏丹尼叶。途中于阿撒来克堡，稍作勾留；一方检阅军队，一方则为接见使团。奥玛正在行近塔布里士之际，其在狱被押之兄阿卜白克，忽于6月14日（星期二）将狱卒击毙。越狱而逃。临行打开府库，劫去大批库藏。奥玛闻讯，立刻奔回，派兵缉捕，及追兵到时，阿卜白克早已逸去。

其事经过详情如下：奥玛前为谋害其兄，曾定下毒之计，事机本极严密，并对执行之人员事前加以防范，以免消息透露。虽然如此，终为阿卜白克之同党所探悉，立刻知会其本人，预为防范，并作逃狱准备，暗中集合外援多人；除为阿卜白克备妥马匹及武器外，另有剑一把，送至狱内，用为击杀奥玛所遣来之官吏。一俟其逃出狱外，埋伏妥之同党，即来响应。此方准备即妥，奥玛派来之亲信3人，已抵狱内，传奥玛之命曰："奥玛近日已与其父米兰沙修好，不日即将其兄释放，其兄前所提出之各项要求，亦可照办。并拟拨还其兄以大片土地，巨额财帛，为此佳音，特备酒以为兄祝"云云。

鞑靼人向来于用饭之前饮酒，此际来使，已携来下有毒药之酒及饮盏等。阿卜白克若于事前，毫无所闻，欣然饮下，定将丧生。奥玛所遣来使，先斟满酒，捧至阿卜白克面前，俯拜，然后献盏，阿卜白克亦伪作谦谢之状，不肯遽饮。随将袍内暗藏之剑掣出，向献盏之使，迎头一劈，立毙之剑下。阿卜白克复将其余3人杀死，其他狱卒等，则纵之逃生，令其转告各处。事件发生不久，消息即传遍城堡内外。阿卜白克之同党，片刻奔至，拥之上马，率众驰向广场而去。嗣后所聚之人渐众，人人皆争来附；顷刻堡内外来归者，已达500骑之多。所过各处，居民皆以武器、马匹奉献。随又杀库官，开府库，将其中财货分赐部众，尽各人之量携取，仍有余，乃载之骆驼上，投向其父米兰沙处而去。

阿卜白克后来安抵父所，其脱狱生还之事迹，极为其父所称赞。米兰沙将最近发生之种种事件，告知其子。阿卜白克亦将实际上阻挠其父入撒马尔罕者乃其叔父沙哈鲁之事述出。以此，阿卜白克于返归父营之夜，即率领亲信部属，往袭其叔沙哈鲁之营。其叔猝不及防，未得抵抗，即被擒获，送来其父帐中。自此役后，世人皆以阿卜白克既能死中逃生，复能生擒其叔[1]沙哈鲁，定为强大之主，于是纷来归附，即向来隶属奥玛部下之将士多人，亦毫不迟疑，率部叛去。奥玛见追捕其兄之事，已然无望，乃向其父讲和，而米兰沙与其子阿卜白克，已率部向撒马尔罕而去。

奥玛近来驻军维扬(Viyan)平原之上，其地距塔布里士不过百里，曾令塔布里士及苏丹尼叶等城长官，备置羊、马、及酒各若干，以供纪念其祖父之追悼会上用。此外索哈达3,000方，衣料若干，为犒赏部下之需。

前次没收使团之一切财物，此番亦令人发还。至8月13日(星期二)，有二察合台人，赍来王孙之请帖，召我们赴大营。星期五，使团自塔布里士启程，夜宿营中。次日即抵维扬平原，休止于溪畔之幕内，夜宿其中。

星期六，奥玛召见，当赴其所居之汗帐晋谒。王孙奥玛接见时，极有礼貌，并赐宴款待。次日(星期日)于追悼大会上，又蒙邀往参加席间。先由长者一人，来王孙前，颂扬帖木儿生前功业，以示追念之意；随后进餐。席上馔食，极为丰富。我们于席面上，将制作精巧之西班牙剑，献与王孙；另有呢绒、丝葛数匹，一并奉献。王孙对此，喜悦异常；尤以西班牙剑，最称其意。按此间风俗，对无物奉献之宾客，向不予接见，故当我们行抵大营之前，来迎者首先询问奉献何物。

8 月 18 日（星期二）王孙馈赠使团各人以金锦衣料数件，并派一察合台人陪送，兼为沿途照料。我们当会同土耳其使臣，一齐启程；而埃及使臣，为奥玛所扣留，未能成行。据闻我们离营之翌日，即将埃及使臣下狱。

星期二，与土耳其使臣离奥玛之大营。星期三，即返抵塔布里士。在该处与土耳其使臣略作商谈，即决定次日启程返国。

此际吾辈最切之念，即急速返归祖国。星期五，日间料理归途上之种种预备；至夜，本城长官达鲁花赤，平日与我辈本极熟悉，忽然率领警卫、书记等，闯进寓所，守住门前；而各警卫，则弓上弦，刀出鞘，如临大敌，据达鲁花赤称："前来检查使团各人之行囊物品，并谓其职责如此。"我们见此形势，除任其搜查外，别无他法。达鲁花赤索阅行囊中之丝织物品，及见其中有哈达、匹头、材料等物时，皆行掠去。据谓："奥玛目前急需此项材料，而遍索全城，毫无所得，因思及此处可借取用，异日王孙定以原价赔偿云云。"言毕，率众上马而去。

此事发生后，当与同行之土耳其使臣，商议如何处理。因达鲁花赤对我们所施之手段，土耳其使臣，亦未获幸免。其所携物品，亦多遭掠去。经商议之结果，佥以为在此不宜久居，除受灾害之外，恐不会再有何种益处，因决定次日，即启程离开此城。8 月 22 日清晨，西班牙、土耳其两国使团，全体一同登程。初抵塔布里士之时，为 2 月 21 日，在此实住 5 个月另 2 日。

派来任护送之责之察合台人亦至，另外有商人约 200 人，组成一队随行。商人运大批货物，赴土耳其之布鲁撒出售；沿途之上，与此队商人相处甚得；所担心者，惟虑盗寇于途中之袭击。

星期六至下星期一，数日中皆在路上，续进。星期一早上，黎明之际，行抵胡叶城。接到突厥曼人名黑郁苏甫[2]（Karayusuf）者入寇之消息。黑郁苏甫所率领之部下，约万余骑，侵入胡叶城附近各地，大肆破坏劫洗，但其本人于肆掠之后，往爱洛遵占一带而去。

闻及此讯，使团于是将原来路线，加以变更，转向左方，沿西南大路而走。星期二，离胡叶城连夜赶路。星期三，仅于牧放马匹时，稍作停息，其时间亦不过饲喂草料之片刻而已。星期四续行，抵亚美尼亚人所聚居之堡垒前。此间之亚美尼亚人，亦为王孙奥玛辖境内之臣民。由堡往南有村落一座，居民尽为伊斯兰教徒之土耳其人，乃由土耳其斯坦移居此地者。领有附近土地，与亚美尼亚人相处，尚称融洽，所垦之土地，皆极肥沃。使团行抵此村，闻黑郁苏甫已侵至爱洛遵占附近，其部众正遮断前面大道。为慎重起见，曾遣人前往侦视实况。至星期五，探路之人归来。据云：路上平安无事，我们乃立刻启程就道。夜间即张幕于村旁之田内。次日经过亚美尼亚人所聚居之村落多处。村中不乏美丽之教堂，村旁墓地之上，遍植十字架。路上又闻黑郁苏甫已流窜至大道左近，所至纵兵肆掠。以此，我们乃将路线再移向左，以趋避之，午后，即循此新方向而行。

星期日，所经之地，皆极荒凉不堪。星期一所过各地，大致亦如是，亚美尼亚境内之所以荒寂无人，至此地步者，云系亚美尼亚国王之三子互夺大位、屡兴战役所致。9月1日（星期二），行抵一城，其内房舍，多告空闲。城名阿卢什开（Aluşkert），[3]城墙极为坚固。城郭上有极雄壮之堡垒，已折毁一角，其余之堡内，见有贫民居住。城内楼房建筑，形式极为华美。午餐即在某家楼上用过。我们自居民口中，闻悉此座大城被破坏至此地步之原委。

据云："当年有一势强之国王，④统治此城；附近各地，皆由其辖管。国王去世之际，将境内土地，分与王子3人治理。阿卢什开城，划归长子；阿尼城归次子，爱洛祖伦则分与幼子。亚美尼亚国王生前之辖境，亦不过此数座城而已。长子见最坚固之大城，既落入己手；对于其余2城，亦思占领，谋夺两弟之所有。于是战争立起，于此混战之中，各方皆思援引外力以自助。占有爱洛祖伦之幼弟，首先招引伊斯兰教徒之突厥曼人以自助。领有阿尼城之次子，援助其弟，引兵协同突厥曼人，合力进攻阿卢什开城。至于城内之长兄，亦采取同样方式，招致附近伊斯兰教徒之土耳其人以为己助。本城之土耳其人，及来攻之突厥曼人以语言相同，遂于接触不久之后，即成立谅解。暗中约定，先合力取阿卢什开。果然不久，该城即被攻陷。又合力将阿尼、爱洛祖伦二城强据。亚美尼亚人之统治者，既被推翻，居民亦遭驱逐云。"

我们行抵阿卢什开之际，曾询问黑郁苏甫之行踪。据云：其部众正遮阻我们去路。以此乃将前进之计划改变。取道北行，赴阿尼城，此线尚称安谧。离开阿卢什开之后，4昼夜间，所经过之处，多属荒寂之地。9月5日，抵阿尼城。星期一，赴阿尼堡内，拜访省长。其人为察合台宗王都拉德别(Duladay Bey)之子。当日，帖木儿征服亚美尼亚斯坦及谷儿只斯坦之际，即委都拉德别治理此城。现下之省长为其子，于都拉德别故去之后，即袭任斯职。我们往谒省长时，曾赠以金锦哈达6方，并将沿途之艰困情形，向其述

及。省长亦谓：据报黑郁苏甫本人，现正在爱洛遵占境内；其部属盘踞前面之去路上。所以我们又须改变路线。都拉德别之子，以我们系西班牙国王派往觐见帖木儿归来之外宾，为使追念帖木儿之盛德起见，乃选派最稳妥之向导一人，任沿途陪送之责。而土耳其使团，即自此间分手，另取途径，返国而去。

阿尼堡之建筑，极为坚固。位于山巅，三面有墙防卫。堡内有清泉，足供汲饮。守卫之工具，亦极完备。

9月8日（星期二），自阿尼城上道，省长派来察合台人一名，任向导及沿途照顾之责。为行旅上安全起见，乃取径谷儿只斯坦。放弃原来循左方而行之路线。旧路线为通撒马尔罕之大道。当夜宿于阿尼境内某村中。次早，黎明时出发，越一座峻峭之山，及至山顶，则见平地，有巨堡一座，岸然立于绝崖上。堡名塔洛突姆（Tartum）。⑤

此堡颇负盛名，帖木儿征服之后，乃划归谷儿只斯坦辖境内，并命其按时纳赋。我们过堡10余里，至一村内休息。因嗣后2日，将穿行谷儿只斯坦境内之崎岖山路也。

9月11日（星期五），抵维塞（Viser）堡。此间省长，为一伊斯兰教徒毛拉（Molla）；其人精通伊斯兰教法典条文，为一位积学之士。

毛拉对我们，极为恭敬，曾设宴招待。席间曾谈及地方人民，因受黑郁苏甫之骚扰，极为痛苦。已有乡民多人，携同牲畜，逃入堡内避乱；皆以为如此，即可避免黑郁苏甫之侵袭。

离开维塞堡后，陪行之向导谓：使团应先至伊斯帕（Ispir）城，向该处官长致敬。因向导于出发前，曾奉到阿尼省长分致各城官长之公函，嘱其沿途投送，我们当接受其意见，向此城进发。途中穿行山谷数道，因自塔儿突姆以来，所经之路，皆在绵延不断之山岭间。

伊斯帕之城守，名皮阿哈者白（Piahacabea），辖境多山；然出产丰饶，人民富厚。我们于行抵该城之翌日，当往访城守，向其致敬，并赠金锦哈达两方；曾蒙其留住，同进午餐。午后，城守派来向导一人，专任引我们通行其境内者，以送至特拉布松国境上为止。我们偕同向导，即时动身出发。次日为星期日，早间沿一陡坡，横越山岭，其长度约40里。路上石骨嶙峋，不见寸草。行时无分人畜，皆感极端疲劳。最后尚须沿山岩而行。是日，已越过谷儿只斯坦边境，入阿拉库叶（Arakuyel）境。谷儿只人，性情温良，而果敢异常。信仰天主教，不谙希腊语，自有其语言。

翌日为星期一，继续前行。途中曾在某村内用午餐。饭后，再行，抵另一村。按伊斯帕城之伊斯兰教断事官，兼摄阿拉库叶境内断事官之职务。其起因为，阿拉库叶之断事官，昔曾因疾休养在家，而居民乃往求伊斯帕城断事官协助，兼摄此城职务。得其允许后，居民乃将本城法官解送伊斯帕城，收押入狱，即由该城遣一伊斯兰教断事官，及一基督教徒为助手，来治阿拉库叶。

阿拉库叶，境内多山，巉岩陡壁，牲畜往来，极感困难。有若干断涧之上，架有桥梁，以渡行旅。往来牲畜，于此山岭间，即驮载亦有所不能。所有什物货品之运输，皆赖伕役背负。土地既硗确不毛；居民亦多为半开化民族。自种族上言之，据谓系亚美尼亚人；信仰基督教，生活上，则赖偷窃抢掠为生。我们经过其地时，曾被阻住去路，强索财物。

此种勒索之物，即此间之过境税也。我们续行4日之后，行抵黑海沿岸某地，西距特拉布松尚有6日程。路上坎坷不平，行走维艰，最后终抵于苏曼纳(Sürmene)港。

苏曼纲港，隶属特拉布松，港口位于山林围绕之处，居民散住于乡野之石堡内。此类碉堡，散见各处，我们所行过之道路，要以此段为最恶劣；所用以驮载什物之牲畜，皆死亡于此段上。

9月17日，行抵特拉布松，恰遇一只装载榛子之船，开出特拉布松港，拟往伊思坦堡，行至6哩外之蒲拉特纳(Platona)，以风向不宜，即行折回。我们闻讯，急为置备航海上所用一切物品，乘一只小驳船，往附大船。此大船系由一名尼可拉梭可章(Nicolso Cojan)者任船长。经其同意后，我们立刻登船，经过25日之海上航行，重抵伊思坦堡。

登岸之日，为10月22日。续有迦法(Kefe)开来船3只，将转往热那亚。我们获讯，即搭附其中一艘，返归本乡。11月4日，离伊堡，同日抵伽利坡利。船在该处装满棉花，直放撒克兹去。

11月16日，离撒克兹，至12月2日(星期五)，抵拿布勒斯境内之加厄大。休息5日后，即准备续航，以风向不顺，候至12月22日，方得动身。放航之后，依然遇暴风，将船吹至科西嘉岛。于是将船开回，过巴斯的亚后，又遇大风，乃避入古宾(Cumbin)港内。星期六开出此港，至维阿那(Veane)港。1406年1月3日，抵热那亚。此港滨海之地，建有附花园果林之住宅，别墅多处。连亘达6里之遥，景致之佳丽，无以复加。城内热闹异常，有宫廷殿宇之属。此城住户，每家皆起造望楼一座，以眺望海景。停息此间若干日后，因事赴撒窝那(Savona)，往谒本尼笛克十三(BenedikXI-

II)，嗣重返此处。于2月1日(星期一)乘巴尔伯鲁(Barbero)所开之船，离开热那亚，于航行中，又遇飓风，颇受颠簸之苦。至2月7日，在圣鲁察(Sen Luca)登岸，向塞维尔而来。1406年3月22日，于爱洛卡洛达亨那拉达(Elkalda Henerada)朝见国王亨利复命。⑥

---

① 钧注：按米兰沙及其长子阿卜白克进驻呼罗珊之际，与其弟沙哈鲁并未冲突。而沙哈鲁于1406年—1407年，入据撒马尔罕，继承汗位，终于1447年，生平未曾遭任何人擒获。克拉维约所云，想亦据传闻耳。中国使臣傅安时正被导往各处游览，未曾言及沙哈鲁被擒获事。且布哇氏记其弟兄间之往来甚详，足证克拉维约之言，不甚可靠也。布氏文曰：

"1405年至1406年，米兰沙进赴呼罗珊，沙哈鲁遣将3人，率精兵15,000往御。临行时嘱之曰：'米兰沙若来侵，则与战。若以善意来，则以礼接之'，时撒卜匝瓦儿异密莎勒坛阿里，叛投米兰沙。沙哈鲁使者亦至，约修好，并索叛人。米兰沙从之，乃送莎勒壇阿里于哈烈。沙哈鲁囚之，又送别来克王之子莎勒壇忽辛，及其左右至哈烈，沙哈鲁尽杀之。时阿不别克儿自孙丹尼牙逃出，投米兰沙所。偕其父同赴阿哲儿拜展，与哈剌全速甫战，米兰沙阵殁，时在810年11月24(1408年4月20日)，米兰沙出生于769年(1367年)，死时仅年41岁。"参阅帖木儿帝国105页。

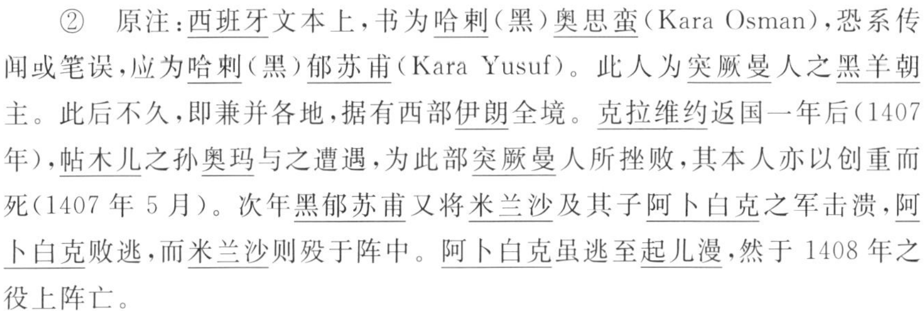

② 原注：西班牙文本上，书为哈剌(黑)奥思蛮(Kara Osman)，恐系传闻或笔误，应为哈剌(黑)郁苏甫(Kara Yusuf)。此人为突厥曼人之黑羊朝主。此后不久，即兼并各地，据有西部伊朗全境。克拉维约返国一年后(1407年)，帖木儿之孙奥玛与之遭遇，为此部突厥曼人所挫败，其本人亦以创重而死(1407年5月)。次年黑郁苏甫又将米兰沙及其子阿卜白克之军击溃，阿卜白克败逃，而米兰沙则殁于阵中。阿卜白克虽逃至起儿漫，然于1408年之役上阵亡。

③ 原注：据Müstevfi所述，1130年此处有城一座，有堡一座，其地居民，就有年纳7,000金底纳之富力。同上作者，又谓彼时此城名Valasgir，在Müstevfi氏之前一世纪，有某著者曾谓此城距Ahlat不远，而Ahlat为位于

完(Van)湖境内中心之一城市。如此论之,阿卢什开之位置,应在 Ahlat 之上,Melazkerdin 偏北之处。

④ 钧注:克拉维约于此处所指之国王,即谷儿只国王亚历山大一世(Alexandre I),其国于 1248 年并入成吉思汗之帝国。后于 14 世纪末之 15 年间,数经帖木儿之侵略残破。至 15 世纪,因遭不幸之分割,将国分与三子,乃渐为奥思曼土耳其人及波斯人所蚕食,至后一世纪,遂丧失独立(可参阅帖木儿帝国 27 及 87 页)。

⑤ 原注:此堡之所在,虽未能确定。不过据 Yezdli Ali 所述,此堡应位于谷儿只斯坦之边境上云。

⑥ 原注:藏于马德里图书馆之手抄本上,原文至此为止,此为 15 世纪时之原著。至于毛黎那氏(Argot De Molina)本之结尾处,尚有下列一段:

"感谢让帝之佑,伟大之帖木儿史,及奉国王亨利命赴汗廷之东使记,于朝觐途上所有闻见之重要事件之记录,即于此告一结束。初版刊行于 1582 年塞维尔之安德烈,皮斯休尼(Andrea Piscioni)家中。"

图书在版编目(CIP)数据

克拉维约东使记/(西)罗·哥泽来滋·克拉维约著;杨兆钧译.—北京:商务印书馆,2017
(汉译世界学术名著丛书:120年纪念版:珍藏本)
ISBN 978-7-100-14413-1

Ⅰ.①克… Ⅱ.①罗… ②杨… Ⅲ.①游记—作品集—中亚—古代 Ⅳ.①K936.09

中国版本图书馆CIP数据核字(2017)第151069号

汉译世界学术名著丛书
(120年纪念版·珍藏本)
克拉维约东使记
〔西班牙〕罗·哥泽来滋·克拉维约 著
杨兆钧 译

商务印书馆出版
(北京王府井大街36号 邮政编码100710)
商务印书馆发行
北京通州皇家印刷厂印刷
ISBN 978-7-100-14413-1

2017年12月第1版 开本710×1000 1/16
2017年12月北京第1次印刷 印张13½
定价:68.00元